Perpetuare architettura

Perpetuating architecture

testi di
texts by
Günther Vogt e/and Thomas Kissling
Bruno Reichlin
Sebastiano Brandolini

fotografie di
photographs by
Pino Brioschi

Gli interventi di Martino Pedrozzi sul patrimonio rurale in Valle di Blenio e in Val Malvaglia 1994–2017

Martino Pedrozzi's interventions on the rural heritage in Valle di Blenio and in Val Malvaglia 1994–2017

PARK BOOKS

	Indice		Index	
6	Regio Insubrica Le case in pietra della Val Malvaglia	7	Regio Insubrica The stone houses of Val Malvaglia	Günther Vogt Thomas Kissling
18	Qualcosa dice dentro di noi: questa era una casa	19	Something deep inside tells us: this was a home	Bruno Reichlin
57	Intervista con Elide e Augusto Giudici della Ganna	57	Interview with Elide and Augusto Giudici della Ganna	Sebastiano Brandolini Martino Pedrozzi
76	Abbandono nella grande Milano	77	Abandonment in greater Milan	Sebastiano Brandolini

Regio Insubrica
Le
case
in pietra
della
Val Malvaglia

di
Günther Vogt
e
Thomas Kissling

Regio Insubrica
The
stone
houses
of
Val Malvaglia

by
Günther Vogt
and
Thomas Kissling

Prospettive dall'esterno
Le Alpi sono un'area che collega il Nord e il Sud. Non costituiscono una frontiera
o un ostacolo topografico. Situate al centro, per lungo tempo si sono adeguate, con un
certo ritardo e in forma attenuata, alle principali trasformazioni dell'Europa.[1]
Strade, rotaie, ponti, gallerie, vie e sentieri, costruiti da ingegneri, contadini e cacciatori,
formano la rete che consente di percorrerle e attraversarle.
Il Grand Tour, che partiva da Londra alla volta di Amsterdam e di Parigi, per poi prosegui-
re attraversando i passi alpini verso Firenze, Roma e Napoli, e spingersi fino a Palermo,
rappresentava una specie di rito iniziatico per l'alta borghesia inglese.
Come fosse uno spaccato geologico, agli occhi del viaggiante si presentavano i mol-
teplici paesaggi culturali dell'Europa: la cultura rurale delle Alpi, la Toscana con
le sue ville di città e di campagna, la Sicilia, "il paese dove fioriscono i limoni"[2],
con le sue rovine greche e la cucina che assomigliava tanto a quella di Gerusalemme.
I primi resoconti dei viaggi del Grand Tour si concentravano essenzialmente sulla cultura
urbana, e sulle corti e le ville aristocratiche in campagna. Per molto tempo, il dover
attraversare le Alpi era visto come un fastidio da metter necessariamente in conto.
Solo verso la fine del XVIII secolo, il paesaggio montano acquisì un "valore intrinseco
socialmente riconosciuto"[3]. Fino ad allora era prevalsa, nel corso di tutta la civiltà
1 europea, una visione delle Alpi quali "montes horribilis". Solamente con l'evoluzione
delle scienze naturali moderne, le conquiste dell'Illuminismo e l'inizio della rivo-
luzione industriale, si crearono le condizioni perché la catena alpina venisse radical-
2, 3 mente reinterpretata. I monti non furono più visti come qualcosa di terribile e spaven-
toso, ma si trasformarono in oggetti di contemplazione e di ammirazione, grazie
alla bellezza del paesaggio naturale. Ne emerse un nuovo paesaggio ideale, la cui forza
compositiva proveniva dal contraddittorio tra l'idillio in primo piano e il minaccioso
4 paesaggio fatto di ghiacciai, cascate e bizzarre formazioni rocciose sullo sfondo.[4]
La prima reinterpretazione delle montagne ce la fornì già il Petrarca nel Medioevo;
la sua scalata del Mont Ventoux, avulsa da ogni finalità, illustra il godimento della bellezza
del paesaggio e significò che il paesaggio poteva essere abitato, indipendentemente
dallo sfruttamento delle sue risorse agricole.
La seconda metà del XIX secolo, con l'esplorazione delle Alpi da parte degli inglesi,
fu un periodo aureo, oltre a rappresentare un'ulteriore svolta radicale nella percezione
del paesaggio. L'atto di viaggiare si fece più democratico, e i viaggiatori divennero turisti.
5 Al centro dell'interesse, non c'erano più soltanto il fascino ammaliante dell'inesplorato
–7 e il paesaggio sublime. Lo sguardo curioso nei confronti dello stile di vita arcaico
delle genti alpine fece da forza trainante all'urbanizzazione turistica delle Alpi.
I metodi di produzione apparentemente attenti all'ambiente, e lo sfruttamento rispettoso
di modeste fonti di sussistenza, il tutto inserito in un ambiente paesaggistico aspro e
inospitale, comportarono una romantica idealizzazione della vita. Il contesto culturale
8 alpino divenne sia fondale che palcoscenico.

1

Common Ground
Per le genti che vivono nelle Alpi, la montagna rappresenta una risorsa limitata, che durava soltanto la breve stagione estiva. Se originariamente erano stati i cacciatori a spingersi verso le cime seguendo le piste della selvaggina, più tardi furono i contadini a calcare le loro tracce con il loro bestiame. Non solo il foraggio giornaliero, ma anche le scorte per l'inverno e il fieno, crescono a determinate altitudini, in base alle condizioni meteorologiche. L'orto itinerante fa parte di questa vita nomade, e lo stesso vale per l'abbigliamento e le attrezzature, che devono essere specifici nella loro versatilità. L'estivazione di mandrie e greggi ai pascoli montani richiede un'adeguata infrastruttura: un villaggio temporaneo. Le case, le vie e i sentieri devono essere tenuti

1 David Herrliberger, *Valanga, slavina, detta anche frana, che precipitando a valle travolge e distrugge ogni cosa*
Snow Avalanches, Snow Breakages, Known as Land Avalanches, and How they Roll into the Depths, Sweeping and Destroying Everything They Encounter
1765

2 A. Zingg,
Cascata di Staubbach/Staubbach Waterfall,
Lauterbrunnen, Bern, 1760

3 Johann Jacob Scheuchzer,
Storia naturale della Svizzera
Natural History of Switzerland
1716

Perspective views

The Alps are a space that connects North and South. No border space or topographical obstacle. Centrally located, for a long time, at a slight time lag and in diluted form, they have transformed in concert with the most important European developments.[1] Roads, train tracks, bridges, tunnels, paths and trails, built by engineers, farmers and hunters, form the foundations for entering and traversing them.

The Grand Tour from London to Amsterdam and Paris, and on over the Alpine passes to Florence, Rome, Naples, and finally Palermo, was a kind of rite of passage for the English upper class. Following a geological transect, the travellers were able to discover a range of European cultural landscapes. The rural culture of the Alps, Tuscany with its town and country villas, Sicily, "the land where lemon-trees do bloom,"[2] Greek ruins, and food that conjures up images of Jerusalem.

The first travel reports from the Grand Tour retained a focus on urban culture and the
aristocratic courts and villas in the countryside. For a long time, crossing the Alps was
viewed as a necessary evil. It wasn't until the late 18th century that the mountainous
landscape took on an "independent, socially recognized value".[3] Until that point,
throughout the entirety of European cultural history, the popular view of the Alps had
1 been encapsulated in the denomination *montes horribilis.* It was only in the course of the
evolution of the modern natural sciences, the achievements of the Enlightenment and the
beginning of the Industrial Revolution that the Alps came to be comprehensively
2, 3 reinterpreted. The view of the terrible mountains transformed into a contemplation
of the beautiful landscape. This new idealized landscape drew its compositional force
from the contradiction of an idyllic foreground set against a threatening natural
4 landscape of glaciers, waterfalls and bizarre rock formations.[4] The first reinterpretation
of the mountains can be found as far back as Petrarch, in the Middle Ages. The pur-
poseless climbing of Mont Ventoux depicted here speaks to a pleasure in the beauty
of the landscape, and marks the beginning of a way of inhabiting a landscape that was not
based upon utilizing its agrarian resources.

The Golden Age in the second half of the 19th century, the exploration of the Alps by the
English, marks another caesura in the perception of this landscape. Travelling became
5 more democratic, and the travellers evolved into tourists. Their interest no longer
–7 revolved purely around the fascination aroused by the beauty of the foreign and the
sublime landscape; the chance to see the archaic way of life of the inhabitants of the Alps
also became a driving force in tourism's urbanization of the Alps. The seeming harmony
with nature in the subsistence-based economy and the considerate use of the modest
resources provided by this rough environment is always associated with a romantic
8 transfiguration of the simple life. The Alpine cultural context as backdrop and stage.

2

3

Common Ground

For the people who live in the Alps, the mountains are a limited resource, available only for a brief period in the summer. Access to them was originally established by hunters, who followed the trails of game into high-lying areas. Later, farmers would follow these tracks with their livestock. It is not just the feed the livestock consumes every day that grows at specific, weather-dependent altitudes, but also the provisions for winter—the hay—that grow up there. The migrating vegetable garden for the people is just as much a part of this nomadic form of life as their weather-appropriate clothing or their versatile tools. The grazing of the livestock on high-altitude pastures during the summer requires an appropriate infrastructure, a temporary village. Buildings, paths and trails have to be maintained, leading to a continual consolidation of the cultural landscape. Limited resources, however, the lack of roads and building materials consisting of clumps of stone and chopped wood from the surrounding forests lead to a particular mode

in buono stato, e determinano così un panorama culturale. I mezzi limitati, la mancanza di infrastrutture primarie, i materiali edili semplici come le pietre e il legname abbattuto e tagliato nei boschi vicini, determinano un modo di lavorare tutto particolare, in cui la manualità dell'autodidatta prende il posto della tecnica degli ingegneri e degli architetti. L'uomo sfrutta ciò che ha a portata di mano. D'altronde, non si tratta di realizzare grandi opere infrastrutturali come quelle che nel corso del XX secolo modificheranno radicalmente l'aspetto delle Alpi, bensì di costruire semplici dimore per le persone e i loro animali. Come per altri tipi di costruzione, per esempio lo *Strickbau* che utilizza travi o tronchi di legno a strati che raggiungono una stabilità grazie agli incastri rigidi agli angoli, gradualmente si sviluppò anche la tecnica dei muri a secco, che divenne un archetipo a sé stante. Talvolta nel paesaggio si notano forme architettoniche che ricordano l'Arte Povera. Negli spazi di un museo, gli oggetti importati dal paesaggio agricolo assumono un nuovo significato. Lo spazio museale diventa così un paesaggio culturale. Il paesaggio può diventare come un modello, oppure il modello può diventare come un paesaggio. Le lastre di gneiss e le tavole di legno assemblate a formare architetture, sentieri, guadi e ponti sono da interpretare come strumenti attraverso i quali prendere possesso di paesaggi un tempo incontaminati.
La condizione necessaria per sopravvivere in questo ambiente ostile, è il duro lavoro, collettivo e volontario. Il paesaggio è proprietà comune degli abitanti del paese oppure di una cooperativa di persone, e presuppone che i contadini trovino un'intesa circa la modalità e il grado del suo sfruttamento. Un sistema economico autonomo, nessuna legge formalizzata, ma regole che sono costantemente oggetto di trattativa.
Chi svolgerà i lavori volontari? Va stabilito chi porterà i capi di bestiame al pascolo, e quanti saranno i capi. Tutto va regolato. Per la vita e l'economia delle Alpi, date le risorse limitate, è fondamentale sapere chi farà che cosa.

5

Risorse
L'espressione Regio Insubrica, un tempo utilizzata per descrivere un'unità politico-amministrativa, viene continuamente ricodificata a seconda del momento. La linea
10 insubrica nella geologia, la vegetazione insubrica nella geobotanica, la Comunità
11 di lavoro Regio Insubrica per indicare un'unità regionale che va oltre i confini nazionali.
Nonostante ciò, rimane il fatto che nelle valli meridionali svizzere, la notevole distanza dai centri urbani e l'isolamento prodotto dalla topografia producono una certa intro-
9 versione, il che si riflette nel carattere intensamente localistico delle città.
La povertà dei terreni e dei paesaggi, la cui gestione è sempre stata impegnativa e dispendiosa per via dei limitati mezzi tecnici a disposizione, ha spesso reso impossibile il sostentamento della popolazione che lì risiedeva. Per questo negli anni si è instaurato un movimento migratorio delle genti, dalle aree alpine più elevate verso le valli oppure (durante i lunghi inverni) verso città europee quali Milano e Parigi; qui gli emigranti lavoravano a servizio negli alberghi o presso le famiglie dell'alta borghesia locale, oppure come spazzacamini nelle città dell'Italia settentrionale, percependo poco più di un tozzo di pane.
L'assenza totale o la scarsità di prospettive: è questo il problema principale delle regioni ai margini delle Alpi. E poi, l'assenza di rinnovo e di sviluppo del sistema educativo alimentano ulteriormente la partenza delle giovani generazioni verso nuove mete.
A questo riguardo, ancora più importante dei dati quantitativi del fenomeno migratorio, sono le sue implicazioni qualitative. L'esodo demografico finisce inevitabilmente con il depauperare il paesaggio culturale. E allo stesso modo come nel XX secolo i moderni metodi di conservazione degli alimenti fecero il loro ingresso nelle cucine e nell'industria contribuendo così alla scomparsa di secolari tradizioni per la

4 Il ghiacciaio del Rodano/ The Rhône Glacier, 16.8.1848

5 Sir Leslie Stephen, *The Playground of Europe* (London Alpine Club, 1936), prima edizione 1871
Book cover of Sir Leslie Stephen, *The Playground of Europe* (London Alpine Club, 1936), first published 1871

6 Da viaggiatori a turisti. Trasporto bagagli all'Hotel Kursaal di Maloja, ca 1900
From travelers to tourists – luggage transportation to the Hotel Kursaal in Maloja, c.1900

7 Valle di Chamonix, Attraversata del mare di ghiaccio, 1902–1904
The Chamonix Valley – Crossing the ice see, 1902–1904

8 Emile Rouargue, *Grindelwald*, intorno al 1860
Emile Rouargue, *Grindelwald*, c.1860

4

6

7

8

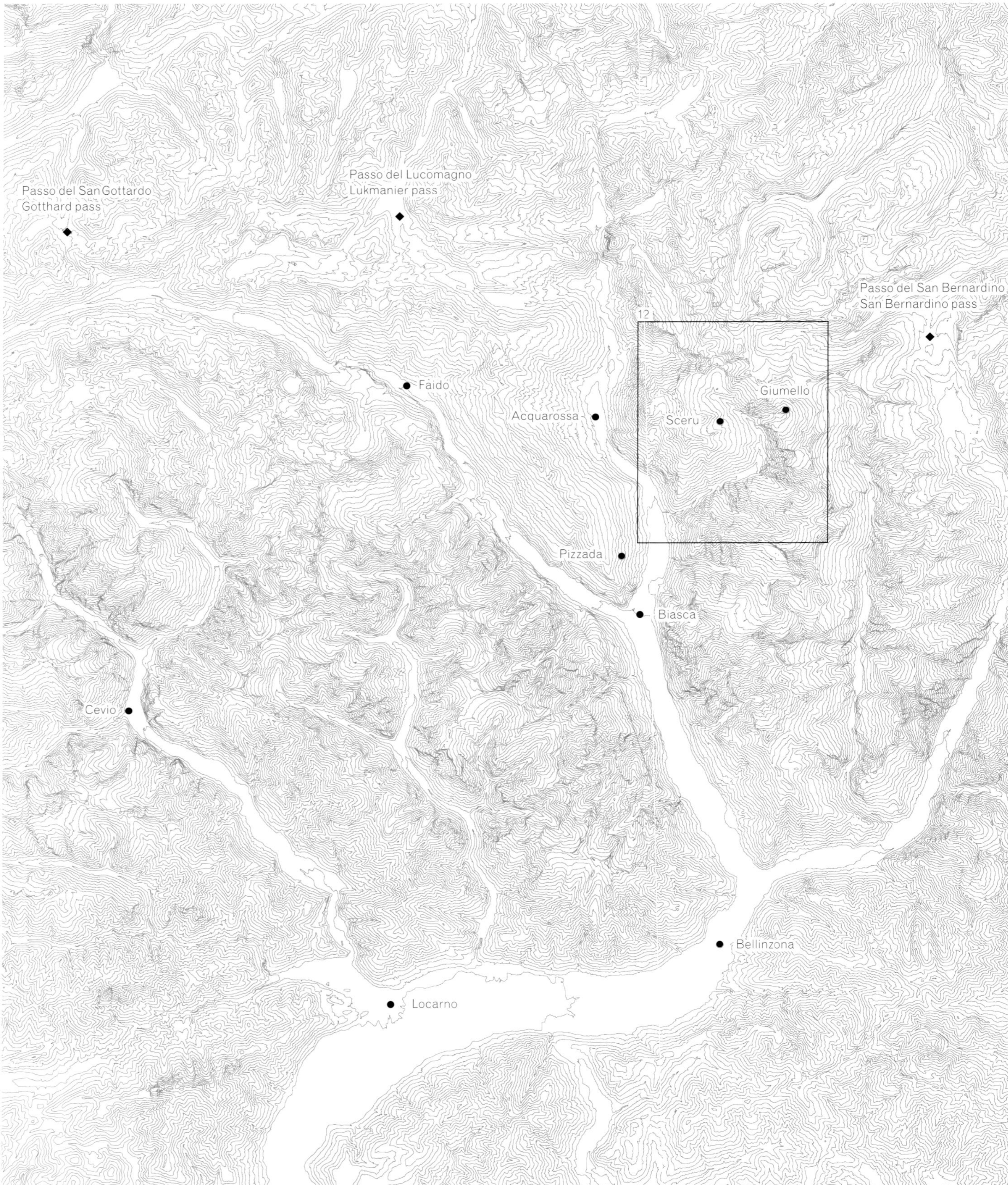
Passo del San Gottardo
Gotthard pass
Passo del Lucomagno
Lukmanier pass
Passo del San Bernardino
San Bernardino pass
12
Faido
Acquarossa
Sceru
Giumello
Pizzada
Biasca
Cevio
Bellinzona
Locarno

10

10

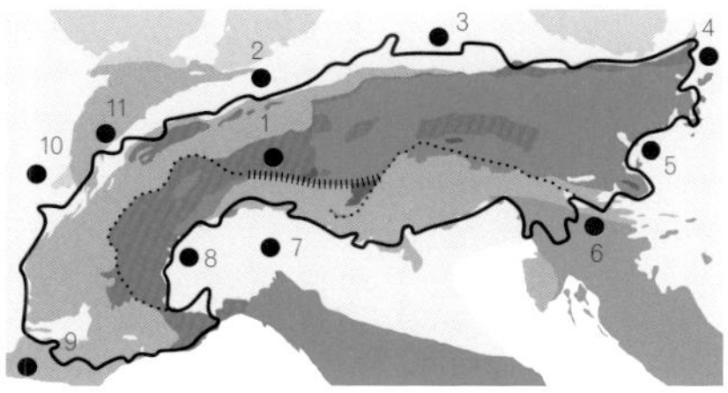

11

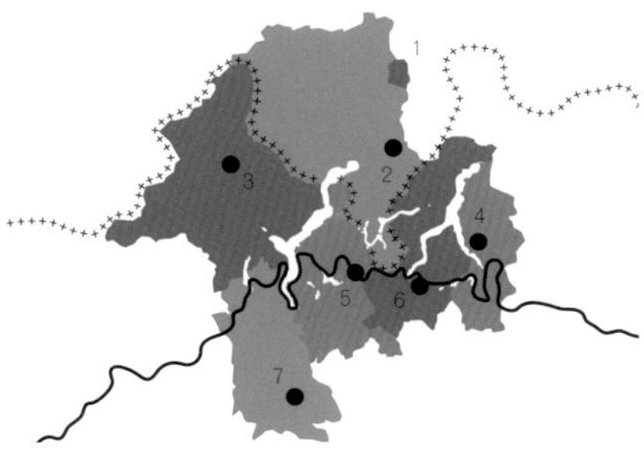

9 Sopraceneri scala/scale 1:300'000
Curve di livello ogni/Contour lines every 100 m.
Una forte compartimentazione topografica forma le valli delle Alpi meridionali svizzere
The southern Alpine valleys of Switzerland are characterized by a pronounced topographical compartmentalization.

10 Carta geologica schematica delle Alpi
Schematic geological map of the Alps
1. Val Malvaglia, 2. Zürich, 3. München, 4. Wien, 5. Graz, 6. Ljubljana, 7. Milano, 8. Torino, 9. Marseille, 10. Lyon, 11. Genève
— Convenzione alpina/Alpine convention
ıııııı Linea insubrica/Insuric line
···· Linea periadriatica/Periadriatic seam

11 La Comunità di lavoro Regio Insubrica promuove la cooperazione transfrontaliera nella regione italo-svizzera dei Laghi Prealpini. Il territorio si definisce nella storia, nella cultura e nella lingua comuni
The Comunità di lavoro Regio Insubrica working group promotes cross-border cooperation in the Italian and Swiss regions of the prealp lakes. The territory is defined by its shared history, culture and language.
1. Val Malvaglia, 2. Bellinzona, 3. Domodossola, 4. Lecco, 5. Varese, 6. Como, 7. Novara
— Convenzione alpina/Alpine convention
+++ Frontiere nazionali/National border

of working in which the tinkerer takes the place of the engineer and the architect. You grab what you have at hand. The aim is not to produce major pieces of infrastructure—which in the 20th century radically changed the appearance of the Alps—but simple dwellings for the people and their animals. As with other building types such as log cabins made from tree trunks, the principles of dry-stone walling developed in a lengthy process into an independent architectural archetype. Sometimes the architectural forms of the landscape call to mind Arte Povera. In the spatial context of the museum, objects from the agricultural landscape take on a new meaning. The museum space becomes a cultural landscape. A landscape as model, or the model as landscape. Gneiss panels and wooden planks placed together to form works of architecture, paths, fords and bridges are to be understood in a sense as a way of claiming previously untouched landscapes.
The condition for surviving in this hostile landscape is collective, voluntary community labor. The landscape is the common property of the village inhabitants or of a cooperative of citizens, and the farmers have to consult one another about the nature and intensity of its use. An independent economy, no certified laws, but instead rules that must continuously be negotiated. Who is going to perform which voluntary tasks? Who can graze livestock on the pastures, and in what numbers? Everything is regulated. Making do with such limited resources is a fundamental principle of life, work and economic activity in the Alps.

Resources

Originally a description of a politico-administrative entity, the meaning of the Regio Insubrica has been subject to an ongoing recoding in response to the times. The Insubric
10 Line in geology, Insubric vegetation in geobotanics, the Comunità di lavoro Regio
11 Insubrica as expressions of the notion of a regional unity that transcends national borders. In the southern valleys of Switzerland however, the great distance to the urban centers and the topographical isolation leads to an inwardness, giving the individual towns a
9 more intense local character. The barren soils and the arduous cultivation of the landscape with limited technological aids often made it impossible for the inhabitants to procure sufficient nourishment. People trekked down from the higher sections of the Alps into low-lying valleys or took up employment for long periods in the winter months in European cities like Milan or Paris, in hotels or upper-class households as domestic workers, or as *spazzacamini* for a pittance in the chimney-sweep companies of Northern Italy.
It is the limited scope of one's possibilities for the future, or total lack thereof, that constitutes the greatest problem for the regions bordering the Alps. The renewal and expansion of the educational system is creating an additional driving force behind the exodus of young people. But more important than the quantitative side of emigration is the qualitative side. The departure of people leads to a reduction in the maintenance of the cultural landscape. Just as new methods of conservation entered kitchens and industry in the 20th century, leading to the dissolution of centuries-old traditions of preserving milk, meat, fruits and vegetables, contemporary political, economic and social developments are eroding the diversity of the Alps as spaces of human life and culture.

Fragments

The landscape that has been left behind is transforming back into wilderness in an unstoppable process. And the original buildings are caught up in this process. Some are still intact today, used by shepherds and hunters, partially falling apart or reconstructed. How do we read Martino Pedrozzi's volumes of piled stones from dilapidated houses? Are they useless masses, landmarks, or the unmistakable expression of a long-gone use?

12

The frame, the lateral border of the volumes, is still finished in the technique of dry-stone construction. The filling is not an architectural cavity, but consists of randomly inserted, mostly panel-like stones.

The archetype of the primitive hut—from Semper through to Le Corbusier's Cabanon—draws its architectural and cultural value from the refined play of difference in architectural proportions, the smallest possible or necessary architectural intervention versus the immeasurable landscape. In this context, the stone volumes stand like follies in English landscape gardens, analogous to Palladian pavilions or Chinese pagodas, which indicated the new borders of the empire, saying more about themselves and their own construction than about their immediate context. Poetry. No dialogue ensues with the surrounding environment. The volumes are metaphors for a community and economy that has long since broken apart.

Connecting paths, trails, small forecourts and vegetable gardens fenced off from the livestock no longer exist. The density of the architectural ensemble of the village is lacking. There is an overabundance of public space, a typological designation, a square with a fountain and narrow lanes are no longer necessary. The common land of a village community morphs into the public space of civil society.

In the shadows of the enormous rock formations, the mineral volumes sprout from the organic environment. Almost imperceptibly, the larks slowly re-conquer their ancestral territory. The traces of human civilization—footprints in the moist grass—are no longer
13 to be found. The paths are grown over. Wolf and bear, long ago forced out by urban-
14 ization, return to their sites of origin. Fallow ground transforms into wilderness. Like
a palimpsest. Unbeholden to formal rules. Watermarks in a text of a landscape that can be read anew.

12 Val Malvaglia
scala/scale 1:50'000
— Strade e sentieri
Roads and paths
— Corsi d'acqua e laghi
Streams and lakes

stabilizzazione del latte, delle carni e degli ortofrutticoli, gli attuali sviluppi politici, economici e sociali erodono la variegata ricchezza delle Alpi, dal punto di vista spaziale, culturale e umano.

Frammenti

Il paesaggio che rimane a seguito di questo inarrestabile processo di trasformazione, ritorna ad avere così un suo carattere selvaggio. Ne fanno parte anche le vecchie case originarie, alcune ancora intatte e utilizzate dai pastori e dai cacciatori, altre invece in rovina oppure ricostruite. Che significato attribuire ai volumi di pietre ammassate delle case in rovina realizzati da Martino Pedrozzi? Vanno visti come corpi di nessuna utilità, oppure sono *landmarks*, oppure sono onesti ricordi del loro uso che risale a tempi ormai andati? Ancora adesso, la struttura e il perimetro dei volumi si realizzano seguendo la tecnica dei muri a secco. Al loro interno, al posto del vano architettonico che c'era prima, vengono disordinatamente buttate lastre di pietra, fino a formare una pedana.

L'archetipo della *Urhütte*, dalla capanna di Semper al Cabanon di Le Corbusier, alimenta il proprio significato architettonico e culturale dal raffinato gioco che si basa sulla differenza tra le proporzioni necessarie e l'infinitamente piccolo dell'architettura da una parte, e l'incommensurabilmente grande paesaggio dall'altra. In questo contesto, i volumi di pietra si presentano come fossero capricci architettonici in un giardino all'inglese, logge palladiane o pagode cinesi che definiscono i nuovi confini dell'impero, e dicono di più di se stessi e della loro costruzione che del contesto che sta loro intorno. Poesia. Non ne scaturisce un dialogo con l'ambiente vicino. I volumi sono metafore di una comunità e di un'economia da tempo dissolte.

Le vie di collegamento, i sentieri, gli spiazzi, e gli orti recintati a difesa dagli animali, non ci sono più. Non si percepisce più la densità del nucleo architettonico, del mini-villaggio. La sovrabbondanza di spazio pubblico rende superflua qualunque distinzione tipologica; non serve più uno slargo con una fontana dell'acqua, e non servono più le strette viuzze tra le case. Gli spazi comuni della comunità del villaggio si trasformano negli spazi pubblici della società civile.

Così, all'ombra delle imponenti pareti di roccia, i volumi minerali emergono dall'ambiente
organico. In maniera quasi impercettibile, i larici si riconquistano il loro territorio
originario. Le impronte dei piedi nell'erba bagnata, un tempo equivalenti a tracce della
13 civiltà umana, sono ormai scomparse. I sentieri sono ricoperti da vegetazione.
I lupi e gli orsi, da tempo estromessi dal sopravanzare dell'urbanizzazione, fanno
14 ritorno ai loro luoghi d'origine. I terreni incolti si trasformano in aree selvagge. Come se
si trattasse di un palinsesto, senza alcuna regola formale. Come tracce d'acqua nella
sceneggiatura di un paesaggio, da leggere per la prima volta.

13 14

13
14 Espansione del bosco in Val Malvaglia.
L'alpeggio di Sceru è situato nella parte alta sinistra di entrambe le immagini.
Expansion of the forest in Val Malvaglia.
Sceru alp on top left position of both pictures.
Fotografia zenitale/Zenithal photographs
1947 e/and 2005.

Note:

1 Cfr. Werner Bätzing, (2005): *Die Alpen. Geschichte und Zukunft einer europäischen Kulturlandschaft*, Monaco di Baviera, C.H. Beck, p. 314. (Volume pubblicato in italiano da Bollati Boringhieri con il titolo: *Le Alpi. Una regione unica al centro dell'Europa*).
2 Johann Wolfgang von Goethe (1795): *Gli anni di apprendistato di Wilhelm Meister*, tomo 2, Francoforte sul Meno; Lipsia.
3 Jon Mathieu (2015): *Die Alpen, Kultur, Raum, Geschichte*, Stoccarda, Reclam, p. 129.
4 Cfr. Werner Bätzing, (2005): *Die Alpen. Geschichte und Zukunft einer europäischen Kulturlandschaft*, Monaco di Baviera, C.H. Beck, p. 14.

Notes:

1 See Werner Bätzing, (2005): *Die Alpen: Geschichte und Zukunft einer europäischen Kulturlandschaft*, Munich, C.H. Beck, p.314.
2 Johann Wolfgang von Goethe (1907): *Wilhelm Meister's Apprenticeship and Travels,* Trans. Thomas Carlyle, London, Chapman and Hall Ltd.
3 Jon Mathieu (2015): *Die Alpen, Kultur, Raum, Geschichte*, Stuttgart, Reclam, p.129.
4 See Werner Bätzing, (2005): *Die Alpen: Geschichte und Zukunft einer europäischen Kulturlandschaft*, München, C.H. Beck, p.14.

Qualcosa dice dentro di noi: questa era una casa

di
Bruno Reichlin

Something deep inside tells us: this was a home

by
Bruno Reichlin

Su tutto l'arco alpino, e non soltanto nel Canton Ticino, il patrimonio rurale, soprattutto quando è disperso e in alta quota, di disagevole accesso e dismesso da tempo, costituisce un problema. Lo si può lasciare al suo destino, e allora il tempo e le stagioni avranno ragione su queste testimonianze culturali che, rovinando, produrranno
15 una "natura seconda": quella di un mondo rurale alpestre che alcuni definiranno arcaico ma che si è mantenuto, più male che bene, fino alla metà degli anni cinquanta del secolo scorso, come ce lo ricordano, in un'altra parte del libro, Elide e Augusto Giudici della Ganna. Oppure se ne programma il riuso con l'incoraggiamento degli enti pubblici, dell'economia turistica e, un tempo almeno, con i prestiti vantaggiosi delle banche. Incoraggiamenti in linea di principio dettati dal buon senso, ma la cui opportunità deve tenere conto di molti criteri, troppo sovente rimasti inevasi: lo studio preventivo attento, d'insieme e di dettaglio, del patrimonio rurale che si vuol salvaguardare; l'adeguamento dell'intervento allo stato di questo patrimonio, caso per caso; l'accompagnamento dei progetti da parte di esperti, la disponibilità di tali "esperti" e, soprattutto, l'instaurazione di un clima culturale diffuso presso gli "operativi" (cioè gli architetti, le maestranze, i clienti e il più vasto pubblico), di un interesse e di una curiosità animati dalla cultura e dall'affetto[1].
Condizioni che sin dagli anni settanta del secolo scorso non si è mancato di sollecitare, ma che non hanno mai trovato, salvo eccezioni, una rispondenza nella realtà. Per cui si deve all'iniziativa dei singoli, architetti, artigiani e clienti, il profilarsi di opere di qualità, talvolta esemplari; e a fondazioni basate in parte sul volontariato la protezione di interi nuclei. E poi la salvaguardia di questo patrimonio è pure confrontata a dei casi limite, che saranno appunto trattati in questo scritto.
Ingovernabilità della salvaguardia per dimissione politica e culturale e coscienza della problematicità dei casi spiegano in parte il ritorno del postulato ruskiniano
17 dell'abbandono e della rovina. Nei suoi scritti John Ruskin (1819–1900) si era scagliato contro il restauro dei monumenti (così come veniva correntemente inteso a quel tempo) considerandolo la forma peggiore di distruzione, «una menzogna dal principio alla fine». L'unico intervento ammissibile era quello della manutenzione: «Abbiate cura dei vostri monumenti e non sarà necessario restaurarli»[2]. «Sorvegliate un edificio antico con cura assidua; proteggetelo meglio che potete e ad ogni costo, da ogni pericolo di sfacelo. [...] tenetelo legato col ferro dove comincia a disgregarsi; stabilizzatelo con rinforzi in legno dove tende ad inclinarsi; non vi curate della bruttezza del sostegno: meglio una gruccia che un membro perduto; e fatelo teneramente e riverentemente, e continuamente, e molte generazioni passeranno ancora sotto la sua ombra. Alla fine dovrà giungere la sua ora; ma che venga dichiaratamente ed apertamente; e che nessun sostituto disonorante e falso lo privi dell'ufficio funebre del ricordo»[3].
Scrivendo degli insediamenti rurali del Canton Ticino, Aldo Rossi non poteva eludere la questione del loro destino. Nel testo per il volume *Costruzione del territorio e spazio urbano nel Canton Ticino* (1979), l'architetto e studioso affermava: «Proseguendo dai crotti di Cevio la strada si inoltra verso Boschetto. Qui il paese è quasi completamente abbandonato; non siamo lontani dal reperto archeologico e sembra quasi impossibile che la qualità che la pietra ha assunto nel tempo possa essere in qualche modo restaurata nel senso di una nuova funzionalità dell'edificio. Quale edificio? Per quale insediamento? Ci sembra che il discorso dei centri storici che, nelle città d'arte o comunque nei grandi centri, si impasta con la vita contemporanea, si presenti qui come decantato nei suoi caratteri reali. [...] Sembra quasi che il continuo, costante abbandono che risale al "massacro della peste" fino alla disoccupazione e alla conseguente emigrazione del secolo scorso e di giorni non lontani abbia segnato il destino di quest'architettura. Ma il suo destino si identifica con il suo significato storico che è insieme il significato di oggi: cioè, ancora una volta, l'abbandono.

15

16

15 Sceru,
27 agosto/August 1927

16 Anveuda, a sinistra del centro dell'immagine sono visibili le tracce di un gruppo scomparso di costruzioni
Anveuda, left of the image centre the traces of a lost group of constructions is visible

17 John Ruskin, Macugnaga, 1845
Dettaglio/Detail

18 Pizzada, 1998:
Martino Pedrozzi, Bruno Reichlin

17

18

The rural heritage constitutes a problem across the entire Alpine range and not just in the Canton of Ticino, particularly where it is dispersed and high up, difficult to access and suffering the ravages of time. It could be abandoned to its fate, when time and the seasons will prevail upon these testaments to a civilization and, by ruining them,
16 produce a "second nature": a rural alpine world that some would describe as archaic but which survived, for worse rather than better, until the mid 1950s, as Elide and Augusto Giudici della Ganna remind us in another part of this book. The alternative would be to program its reuse spurred on by public bodies, the tourist economy and, on occasion, by advantageous bank loans. This sort of support is largely dictated by common sense, but rests on a great many criteria, all too often left unfulfilled: a thorough preliminary overall and detailed study of the rural heritage in need of protection; an assessment of the suitability of the interventions in terms of the condition of the rural heritage, case by case; the provision of experts to work alongside the projects, the availability of such "experts" and, above all, the instilling of a widespread culture among the "workers," i.e. the architects, the laborers, the clients and the wider public, born of interest and curiosity triggered by culture and affection.[1]

We have sought to promote this line of action ever since the 1970s, but without much success, aside from a handful of cases. It is thanks to the initiative of individuals, architects, craftsmen and clients that works of quality, at times exemplary, and on foundations partly reliant on volunteers, that the protection of entire settlements has been achieved. The safeguarding of this heritage is often applied to borderline cases, which will be discussed in this essay.

The lack of governance over safeguarding due to political and cultural resignation and an awareness of the complexity of the cases partly explain the renewed applicability of Ruskin's postulate about abandonment and ruin. In his writings, John Ruskin
17 —1819-1900— launched himself against the restoration of monuments —as it was known in his time—, regarding it as the worst form of destruction: «the thing is a lie from beginning to end.» Maintenance was the only acceptable intervention: «Take proper care of your monuments, and you will not need to restore them.»[2] «Watch an old building with an assiduous care; guard it as best you may and at any cost, from every influence of dilapidation [...] bind it together with iron where it loosens; stay it with timber where it declines; do not care about the unsightliness of the aid: better a crutch than a lost limb; and do this tenderly and reverently, and continually, and many a generation will still be born beneath its shadow. Its evil day must come at last; but let it come declaredly and openly; and let no dishonoring and false substitute deprive it of the funeral offices of memory.»[3]

Writing about the rural settlements in the Canton of Ticino, the architect and scholar Aldo Rossi could not avoid the issue of their destiny. In his contribution to *Costruzione del territorio e spazio urbano nel Canton Ticino* —1979—, he said: «After the *crotti* [natural caves], the road continues towards Boschetto. The village is completely abandoned; we are not far from the archeological dig and it seems almost impossible that the quality the stone has taken on over time could in some way be restored for the purposes of rehabilitating the edifice. What edifice? For what settlement? It would seem that the issue of historical centers, which, in cities of art or in any case in the larger cities, becomes tangled up with contemporary life, is presented here as if decanted in its true character. [...] It almost seems as though the continuous, constant abandonment dating back to the 'massacre of the plague' up to the unemployment and consequent migra-tion of the last century and even recent times sealed the fate of this architecture. But its fate identifies with its historical meaning which is also its current meaning: that is to say abandonment, yet again.

A study of the villages in the Ticino valleys, all along the range from Sempione to Valsolda

Lo studio dei paesi delle valli ticinesi, per tutto l'arco che va dal Sempione alla Valsolda […] conduce alla contestazione, dall'interno, della tesi di un uso alternativo»[4].
L'architetto Martino Pedrozzi, con il recupero di una stalla di primo Ottocento sita a Pizzada, sui monti di Semione, nella Valle di Blenio, e la sua trasformazione in un alloggio per il fine settimana; intervenendo su tre rustici in diversi stati di conservazione o addirittura ridotti a rovina sui monti di Sceru nella Val Malvaglia; "ricomponendo" l'alpeggio di Giumello nella medesima valle, che comprendeva una trentina di cascine; e, infine, procedendo alla "scomposizione" di una cascina, sempre a Sceru, si è confrontato, come vedremo, con una panoplia di casi per i quali era in gioco la scelta fra recupero – quale recupero? – e abbandono. Una scelta che veniva affrontata in termini essenzialmente culturali e, quindi, architettonici, poiché operata in assenza di concause "opacizzanti" come i vincoli funzionali o gli obblighi finanziari. Le operazioni erano in buona parte condotte da volontari e pienamente approvate dai proprietari di stalle e cascine. Vale pertanto la pena di descrivere e spiegare questi progetti, che permettono di riflettere su soluzioni diverse ma che tuttavia rivendicano una strategia comune; progetti che, sullo sfondo di altri pregevoli interventi sul patrimonio rurale precario, riteniamo di grande interesse.
La stalla sui Monti di Semione non vanta pregi speciali. Tuttavia Martino Pedrozzi, a quel tempo fresco di laurea, rinuncia ad aprire una grande finestra "panoramica" nel fronte rivolto verso valle e il paesaggio e chiuso soltanto con tondoni orizzontali, come fatalmente si fa di solito perché "naturalizza" il cambiamento d'uso, dimostrando agli stolti come si sposano bene il moderno con l'antico. Qui invece persone, aria e luce entrano, ed escono, dalla stessa grande apertura che era già quella della stalla, e cioè di lato. Senza ostentazione né eccessivi scrupoli, una porta scorrevole di serie protegge dal freddo l'abitazione, doppiata da una serranda di legno che mette al sicuro la casa in assenza dei proprietari. Un mobile-parete a zig-zag, pertanto stabile, sostiene due letti in alcova sovrapposti, protegge la cucina e allo stesso tempo organizza il solo vano abitabile nelle zone soggiorno, cucina e notte. La minuscola "ca da fög", che ha prolungato la stalla verso monte poco dopo la sua costruzione, è lasciata intatta "a futura memoria". Di questo riutilizzo si possono ritenere almeno due indicazioni: l'importanza di salvaguardare il tipo spaziale e la fatuità di far moderno per ammirare
18 il paesaggio "da dentro" quando se ne hanno già pieni gli occhi dopo una giornata
–24 trascorsa stando fuori.
Intervenendo su tre rustici dell'alpe di Sceru a 1980 metri di altezza, o meglio, su quel che ne restava, Pedrozzi sembra quasi aver voluto saggiare, nel concreto, i limiti e la
25 verità della tesi rossiana, pur senza esserne al corrente in quegli anni.
Nel primo intervento, recuperando le piode e il legname di un rudere ormai "sfatto", completando e ricucendo, l'architetto ottiene un'altra baita spartana ma buona per un fine settimana in famiglia... e d'estate. Non si tratta in questo caso né di un semplice riuso e neppure di un restauro, ma di una ricostruzione fatta con le spoglie di una cascina dando retta al buon senso economo e fattivo di anonimi predecessori. Molta edilizia rurale pervenutaci "intatta" la riconosciamo come autentica anche perché
26 l'essere fatta e rifatta, fagocitando i resti di altre costruzioni, corrisponde al suo modo
–31 d'esistere e resistere nel tempo in un contesto ostile.
Al secondo rustico, tutto in pietra murata a secco, stava implodendo il tetto, che è poi il genere di disordine materiale precursore della fine. Poiché nel 2002 non si dava più un impiego per questa malga, l'architetto decide di consolidare soltanto il tetto per scongiurare il crollo, intercalando dei nuovi puntoni fra quelli vecchi e pericolanti. Poiché non serve più da rifugio, egli accorcia le catene della capriata e alza le mura di quel tanto da far sparire del tutto alla vista radici e catene, in modo che il corso inferiore delle piode del tetto venga a combaciare perfettamente con il filo esterno dei muri.

19

20
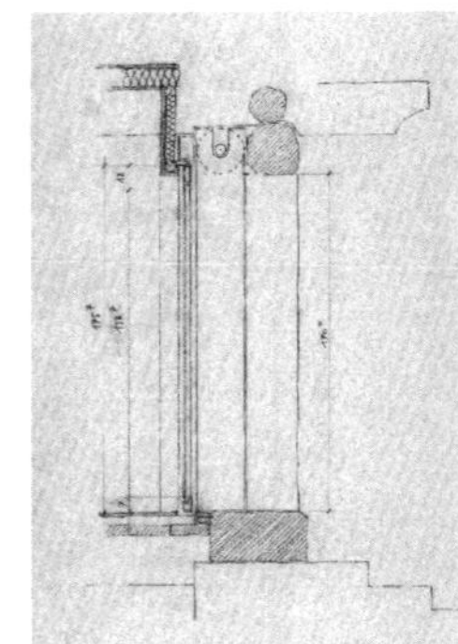

21
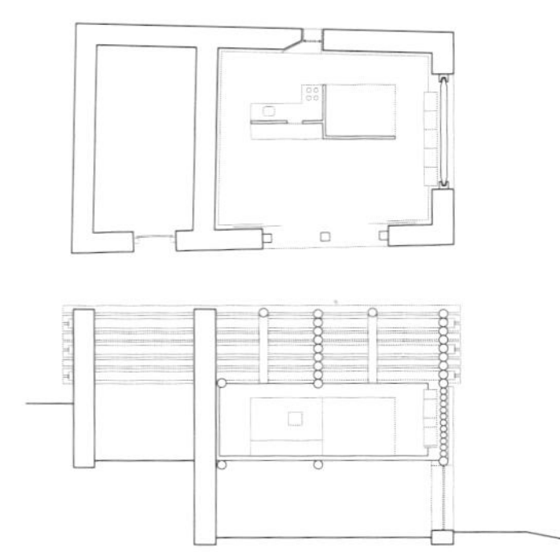

19 Pizzada, 1996:
prima della ristrutturazione
before renovation

20 Pizzada, 1996:
sezione di dettaglio sull'ingresso
section detail of the entrance

21 Pizzada:
pianta e sezione
plan and section

22 Pizzada, 1997:
23 dopo la ristrutturazione
after renovation

24 Pizzada, 1996:
Martino Pedrozzi durante i lavori
Martino Pedrozzi during works

22

23

24

25

25 Sceru, 2015

26

27

28

29

32

30

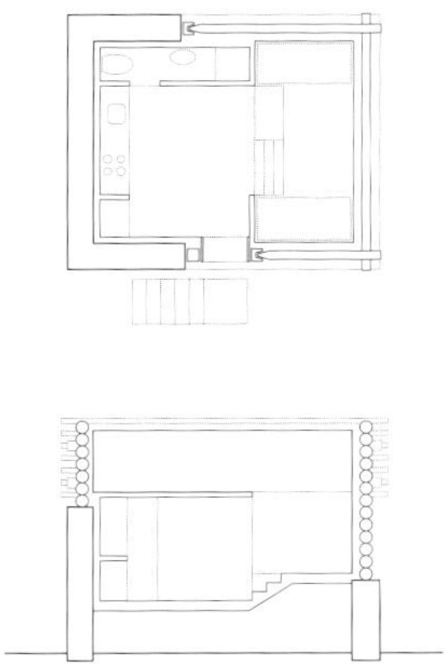

31

[...] leads one to dispute internally the thesis for an alternative use.»[4]

During his reconstruction of an early nineteenth-century stable in Pizzada, on the slopes of Semione, in Valle di Blenio and its transformation into a weekend retreat; his intervention on three farms in various states of conservation or even reduced to ruins in the Sceru pastureland in Val Malvaglia; "recomposing" the Giumello pasturelands in the same valley, which contained thirty or so farms; and lastly, while disassembling a farm, again in Sceru, the architect Martino Pedrozzi came across a multitude of cases in which the choice between rehabilitation—what rehabilitation?—and abandonment came into play. He approached this choice from an essentially cultural and, therefore, architectural perspective, because it was free of any "opacifying" contributory factors such as functional constraints or financial obligations. Most of the work was carried out by volunteers and fully approved by the owners of the stables and farms concerned. It is therefore worth describing and explaining these projects, which provide an opportunity to reflect on the various different solutions, but which all vindicate a common strategy and which, within the context of other admirable interventions carried out on the precarious rural heritage, we believe to be of great interest.

The stable on the Semione Mountains has no particular merits of its own. However, Martino Pedrozzi, then a raw graduate, refused to insert a large "panoramic" window into the side of the building overlooking the valley and the landscape and closed only with horizontal bars, as is usually and fatally done to "naturalize" the change of use, demonstrating to the foolish how brilliantly modern and ancient intermarry. Here, however, people, air and light enter, and exit, from the same great aperture original to the stable, and therefore to one side. Without ostentation or any great qualms, a standard sliding door protects the habitation from the cold, coupled with a wooden shutter that keeps the house secure when its owners are away. A zigzag wall/furnishing element, and therefore stable, supports a bunk bed in an alcove and protects the kitchen while dividing the single habitable space into living, kitchen and sleeping areas. The minuscule *ca da fög*, which extended the stable out towards the mountainside shortly after its construction, has been left intact "for future reference." There are at least two things worth noticing from this type of reuse: the importance of safeguarding spatial type and the fatuousness of attempting to be modern for the sake
18 of being able to admire the landscape from "inside" when one's eyes have been feasting
–24 on it for an entire day spent outside.

In his project for three rural buildings 1980 meters up on the Sceru Alp, or rather on what remained of them, Martino Pedrozzi almost seems to have wanted to put the limits and the truth of Rossi's thesis to the test in real life – despite having been unaware
25 of them at the time.

In the first project, retrieving the stone tiles and timber from a "spent" ruin, filling it in and stitching it back together, the architect created another Spartan hut, but good enough for a family weekend... and the summer months. Here, it is neither a question of a simple reuse nor of a restoration, but of a reconstruction carried out with the remains of a farm, while respecting the cautious and constructive common sense of unknown predecessors. Many rural buildings that have survived "intact" can be recognized as authentic, partly because being made and remade, absorbing the remains of other
26 buildings, equates to the way in which it exists in and withstands a hostile environment
–31 over time.

The roof of the second rural building, made entirely of dry stone walls, was falling in, which is the usual type of material disturbance that signals the end. As, by 2002, there was no longer any use for this hut, the architect decided simply to shore up the roof to prevent it from collapsing, slotting new rafters in between the old, precarious ones. As it was no longer used as a shelter, he shortened the collar-beams of the trusses

26–27 Sceru, ristrutturazione del 1994: durante i lavori
Sceru, renovation of 1994: during works

28–31 Sceru, ristrutturazione del 1994: dopo l'intervento
Sceru, renovation of 1994: after intervention

29 Sceru, 1994: prima dell'intervento
before intervention

30 Sceru, ristrutturazione del 1994: pianta e sezione
Sceru, renovation of 1994: plan and section

32 Sceru, ristrutturazione del 2002: durante i lavori
Sceru, renovation of 2002: during works

33

33 Sceru,
34 ristrutturazione/renovation, 2002

34

35

L'effetto è sorprendente: al primo colpo d'occhio quel che si percepisce non è una
cascina, ma un ammasso serrato di pietre che ha la forma di una cascina e il "peso"
e la densità di un masso di quelle dimensioni. Ogni articolazione tettonica è scomparsa,
ma risaltano invece la tessitura delle pietre, le gradazioni di grigio, il brillio della mica.
Anche l'architrave di vecchio larice sopra l'unica apertura, scelto con cura curvo come
32 il muro su cui è posato, cercandolo fra le rovine di altri ruderi, non pare più legno,
–34 ma grigia pietra.
Nel terzo caso, prima c'era del pietrame che un osservatore ignaro poteva confondere
con il pietrisco eruttato lì dal permafrost. Due compari, cioè Martino e l'amico Pino,
in appena tre ore, lavorando di buona lena a gettare pietre diligentemente verso quel che
via via si configurava come un centro e poi un rettangolo, portavano finalmente alla
vista le tracce delle fondazioni di una cascina che le pietre ammucchiate avevano ormai
riempito a formare un tumulo. Un tumulo trovato in un bosco, «lungo sei piedi e largo
tre, disposto con la pala a forma di piramide», come si ricorda, faceva dire a Loos
che allora «ci facciamo seri e qualcosa dice dentro di noi: qui è sepolto qualcuno.
Questa è architettura»[5]. Che l'abbiano ricordato o meno i nostri due compari, il tumulo
rettangolare di pietrame che hanno fabbricato ci fa pensare che qui sull'alpe di Sceru
37, 38 si è data sepoltura a una casa.
A quel tempo, più di dieci anni fa, nel 2006 se ben ricordo, si poté fantasticare di ridare
una sepoltura ad altre case o baite o stalle, per ripopolare di abitazioni un alpe intero,
per ricomporre le tracce di una popolazione scomparsa, per prendere la misura di
quanto vicini o distanti dimoravano gli abitanti quando accompagnavano le bestie sui
pascoli più alti e attendevano alle loro faccende quotidiane. Ricomporre le case, e poi
un villaggio, vuol anche dire restituire a un paesaggio alpino una densità di presenze
umane, seppure in forma di tracce, di tumuli, di qualche cascina di pregio abbandonata,
delle poche manutenute, e quindi pure restituire un ciclo storico ormai concluso.
44, 45 Questo mi pare il senso, ma non il solo, della "ricomposizione" dell'alpe di Giumello.
Quasi per confermare l'idea di un'esplorazione sistematica, e mettere al contempo un
punto finale all'impresa, Martino Pedrozzi e collaboratori, nel settembre del 2017,
hanno proceduto alla "scomposizione" di una cascina di Sceru, smontando quel che
48 restava delle piode, della capriata in legno e le pietre dei muri, e accatastando poi
–50 ordinatamente il tutto.
Per il loro carattere liminare, i "progetti" di Martino Pedrozzi e aiuti sulle alture di
Semione e di Malvaglia ci interrogano. Qui riferirò soltanto delle questioni che ci siamo
posti nella giuria del concorso "Architettura contemporanea alpina"[6] quando, a due
riprese, abbiamo accolto con entusiasmo e segnalato le sorprendenti proposte archi-
tettoniche di Martino, delle quali si può dire che a un "quasi niente" materiale fa da
contraltare una questione ineludibile: qual è lo statuto di questi progetti – o di questo
progetto, dal momento che i vari interventi fanno un tutto? Si tratta di architettura,
di salvaguardia architettonica, o di interventi "artistici" apparentati alla cosiddetta
"land art" in una versione concettuale e minimale, vale a dire apparentati con un genere
d'arte contemporanea legata a un luogo, smisurata nelle dimensioni, fatta in parte di
materiali e oggetti trovati sul sito, affidata a un rapporto empatico con essi e a inte-
razioni premeditate ma pure casuali e infine, ma non da ultimo, di opere che per princi-
36 pio e per natura rifiutano il museo e sovente non rispondono a una committenza?
Innegabilmente, le opere di Pedrozzi partecipano a una generale congiuntura culturale
e artistica, a quella contingenza che nel secondo dopoguerra ha reso possibile la land art,
l'arte povera, l'arte minimale e l'arte concettuale. Ma queste referenze "prestigiose"
all'arte contemporanea più accreditata, che per molti architetti sono il massimo
della consacrazione, legittimano e spiegano i progetti del nostro o sono invece le marche
di una pigrizia ermeneutica che passa accanto al vero soggetto?

35 Giumello, 2014:
durante i lavori
during works

36 Richard Long, A line in Japan,
Mount Fuji, 1979

and raised the walls enough to conceal the underpinnings and collar-beams from view
so that the lower course of stone roof tiles perfectly matches the outer edge of the walls.
The effect is surprising: at first glance it looks not like a farmhouse, but like a serried
mass of stones in the shape of a farmhouse, with the "gravity" and density of a mass of
that size. Every tectonic articulation has disappeared, but the texture of the stones,
the graduations of grey and the sparkle of the mica stand out. Even the ancient larch lintel
above the only aperture, its curve carefully chosen to match that of the wall on which
32 it rests, looks more like grey stone than wood amongst the remains of other ruins.
–34 In the third case, there was some rubble that an uninformed observer might have
confused with gravel from eruptions caused by the permafrost. Two men, Martino and
his friend Pino, worked hard for three hours, diligently throwing stones in the direction
of what looked increasingly like the center of something and then a rectangle, finally
uncovering the foundations of a farm that the piled up stones had filled in to form a mound.
A mound found in a wood, «six feet long and three feet wide, arranged in a pyramid
shape with a spade,» as he remembers it, prompted Loos to say that then: «we became
serious and something deep inside us told us: someone is buried here. This is archi-
tecture».[5] Whether these two men remembered it or not, the rectangular mound
of stones they fashioned makes one think that a house must have been buried here on
37, 38 the Sceru mountainside.
At that time, over ten years ago, in 2006 I think, one could have fantasised about burying
other houses or huts or stables, in order to repopulate a whole mountainside with
habitations, rebuilding the traces of a vanished population, to get an idea of how close
or far apart the inhabitants lived when taking the animals up to higher pastures and going
about their daily chores. Recomposing the houses, and then a settlement, also means
restoring a density of human presences to an alpine landscape, albeit in the form of
traces, mounds, the occasional outstanding abandoned farm, one of the few that has
been maintained, and therefore also the restitution of a historical cycle that has already
ended. This, I believe, is the point of the "recomposition" of the Giumello Alp, but
44, 45 not the only one. Almost as if to support the idea of a systematic exploration and also
to bring the operation to an end, Martino Pedrozzi and his helpers carried out the disas-
48 sembling of a farm at Sceru, dismantling what remained of the stone roof tiles, the
–50 timber roof truss and the stone walls, stacking everything up neatly.
The liminal nature of Martino Pedrozzi's "projects" (and helpers) on the Semione and
Malvaglia pasturelands are intriguing. Here I will refer simply to the questions we asked
on the jury of the Alpine Contemporary Architecture Award[6] when we twice enthu-
siastically welcomed and flagged up Martino's astonishing architectural proposals,
of which it is true to say that their material "dearth" triggers the inevitable question:
what is the statute for these projects – or for this project, given that the various
interventions constitute a whole? Do they qualify as architecture, architectural
conservation, or are they "artistic" interventions, conceptual and minimalist versions
of so-called land art, in other words related to a genre of place-related contemporary
art, boundless in size, partly based on found materials and objects and resting on an
empathic relationship with them and on premeditated yet casual interactions with them
and, last but not least, works that on principle and because of their very nature eschew
36 museums and frequently fail to find backers?
Pedrozzi's works are undoubtedly part of a general cultural and artistic trend, of
contingency, which informed land art, Arte Povera, Minimal Art and conceptual art.
But do these "prestigious" references to the most accredited forms of contemporary
art, which for many architects are the pinnacle of sanctification, legitimize and
explain these projects, or are they signs of a hermeneutical laziness that sideswerves
the real issue?

36

37 Sceru, 2000
38 Prima e dopo la ricomposizione
Before and after the recomposition

< 39 40

41 42

39 Sceru, 2015
40 Prima e dopo
le ricomposizioni
Before and after
the recompositions

41 Sceru, 2013
42 Prima e dopo
la ricomposizione
Before and after
the recomposition

< 43

44 45

43 Sceru, 2015

44 Giumello, 2014
45 Prima e dopo le ricomposizioni
Before and after the recompositions

43 49

46 Giumello, 2015
47 Prima e dopo le ricomposizioni
Before and after the recompositions

48 Sceru, 2017
49 Prima e dopo la scomposizione
Before and after the disassembling

50

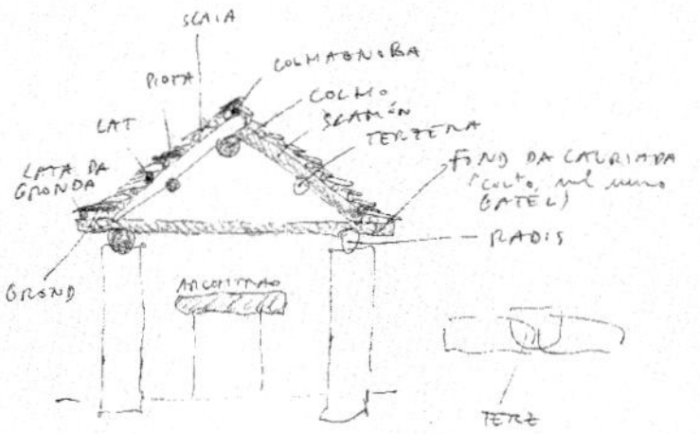

In order to explore the matter a little further, I venture to compare it with a work of art that has singular affinities with Pedrozzi's "project," the Grande Cretto by the artist Alberto Burri (1915–1995), which involved covering the ruins of Gibellina with white concrete. The village in the Sicilian hinterland was completely destroyed, along with
51 Salaparuta, Poggioreale and Montevago, by an earthquake on the night of 14th–15th
–55 January 1968.

The mayor of Gibellina Nuova, Ludovico Corrao, asked Alberto Burri, along with a number of other artists, to create a work for the new town, rebuilt some twenty kilometers away from the old village and better served, from an urbanistic point of view, by the main communication channels on the island. As he said himself, Burri asked if he could visit the ruins of the old village and, fascinated and moved by what he saw, conceived the idea for a gigantic crack on a territorial scale. He had graduated in medicine, and later returned from a prison of war camp in Texas determined to become a painter, exhibiting with the Arte Informale group. He was close to the Un Art Autre artists, going through the requisite sacks, tar, charred plastic and exfoliated and/or carved and cultured Cellotex phases. His acrylic and vinyl "cracked" works marked his decision to start from the material, its properties and the shapes it took on while he worked on it, carving it, treating the surfaces with different materials and tools, applying color and heat, using accretions of pumice, plaster, Vinavil, oil and sawdust. Burri, the great experimenter, took these mixtures and, by heating and cooling them, managed to control the "degree of cracking" and therefore the cracking process, alternating smoother and bumpier areas on which the light breaks up and then comes together again. Creating the Grande Cretto in Gibellina involved using powerful bulldozers to demolish the buildings at risk and "spread" the debris, following the bumpy altimetry of the old village, covering it with a more or less uniform layer of white concrete, riddled with "streets/cracks," about a meter and a half deep and three meters wide. These "streets/cracks," of differing widths and which crisscross, do not form city squares, as some authors have suggested, and above all do not follow the ancient layout of the village. If anything — and I say if anything because my hypothesis rests on common sense in that, of the authors consulted, not one of them has taken the trouble to refer to —perhaps not even to find out— how the project was approached: pulling down walls, moving ruins, opening pathways, etc.? If anything, I repeat, one might suppose, and some of the worksite photographs would seem to bear this out, that the "streets" follow the paths of the bulldozers and other mechanical vehicles, which in turn would have chosen to make their way along the areas that offered the least resistance and, therefore, including the gaps, despite their being full of rubble, and the old roads, avoiding the more substantial ruins and any excessively steep areas so as not to break up the continuity of the Cretto mantle. It is more likely that Alberto Burri, who on other occasions would follow the burning of a sack avidly, in his capacity as a "gestural" fire, combustion and *craquelure* artist, would have witnessed the distribution of the rubble step by step according to "gesturalist' ritual; before "enclosing" the Cretto shape inside a perimeter which, seen from above by an eternal father or a modern drone, forms a rectangle; a rectangle that cancels out the jagged shape of the city and the irregular tapestry of the various districts.

To sum up this hypothetical interpretation, one might suppose that Burri might have rediscovered his method for "making an artwork" by adapting and partly reinventing it, starting with the size, the materials —the ruins of a city— and the unusual tools —the bulldozers—, which is clearly in keeping with an artistic approach that culture and its mediators and intercessors "sanctuarize" along the way. This hypothesis is borne out by the fact that Alberto Burri "enclosed" the "giant Crack" in a rectangular "canvas" on a territorial scale; that he was set on showing the client a model of his work,

50 Sceru, scomposizione del 2017: schizzo degli elementi costruttivi disassemblati
Sceru, disassembling of 2017: sketch of disassembled constructive elements

Per approfondire la questione mi permetterò un accostamento con un'opera d'arte che rivela singolari affinità con il "progetto" di Pedrozzi. Si tratta del *Grande Cretto* con il quale l'artista Alberto Burri (1915–1995) ha ricoperto di cemento bianco i ruderi di Gibellina, cittadina del retroterra siciliano distrutta insieme a Salaparuta, Poggioreale
51 e Montevago dal terremoto che ha scosso quelle terre nella notte tra il 14 e il 15 gennaio
–55 del 1968.

Il sindaco di Gibellina Nuova, Ludovico Corrao, aveva chiesto a Burri come ad altri artisti un'opera per la sua città, ricostruita a circa una ventina di chilometri da quella antica e meglio inserita, urbanisticamente, nelle principali vie di comunicazione dell'isola. Come racconterà egli stesso, Burri chiede di visitare le rovine della vecchia città e, affascinato e commosso da quel che vede, concepisce l'idea di un cretto gigante a scala territoriale. Laureato in medicina e tornato dalla prigionia in Texas ormai convinto di fare il pittore, espone con gli informali. Vicino agli artisti di "Un art autre", attraversa il periodo dei "sacchi", dei "catrami", delle "combustioni" di plastiche, del "cellotex" esfoliato e/o intagliato e colorato. Con i "cretti" a base di acrovinilici si conferma il progetto di partire dalla materia, dalle sue proprietà, dalle forme che assume lavorandola, intagliando, trattando le superfici con materiali o strumenti diversi, con il colore e con il calore, ricorrendo a concrezioni di pomice, gesso, vinavil, olio, segatura di legno. A partire da questi impasti, Burri, grande sperimentatore, scaldando e raffreddando, controlla la "crettatura" e cioè l'andamento della screpolatura, alternando zone più lisce ad altre più accidentate dove la luce si interrompe e si ricompone. Il *Grande Cretto* di Gibellina richiede l'intervento di possenti ruspe, che demoliscono le strutture pericolanti e "spalmano" i detriti seguendo la movimentata altimetria del vecchio borgo, coprendolo con uno strato più o meno uniforme di cemento bianco percorso da "strade-crepe" profonde circa un metro e mezzo e larghe tre. Queste "strade-crepe", non tutte larghe uguali, si incrociano; ma a differenza di quanto hanno suggerito alcuni autori, non formano piazze e, soprattutto, non riprendono gli antichi tracciati della città. Semmai – e dico semmai perché la mia è un'ipotesi di buon senso in quanto fra i tanti autori consultati non ce n'è uno che si sia preso la briga di riferire (e forse neppure di capire) come si è proceduto: abbattendo mura, spostando macerie, aprendo piste ecc? – semmai, ripeto, si può supporre, e certe fotografie di cantiere sembrano confermarlo, che le "vie" seguono i percorsi di penetrazione delle ruspe e di altri mezzi meccanici, che a loro volta avranno scelto di procedere lungo le zone che opponevano minore resistenza e quindi anche i vuoti, seppure ingombrati di macerie, delle antiche strade, schivando i ruderi più consistenti o le pendenze eccessive ed evitando le rotture di continuità nel manto del *Cretto*.

È invece probabile che Alberto Burri, che in altre occasioni controllava da vicino la consunzione di un sacco, che interveniva da artista "gestuale" del fuoco, della combustione e della *craquelure*, abbia accompagnato, passo dopo passo, la distribuzione delle macerie secondo il rituale "gestualista"; per poi "chiudere" la figura del *Cretto* in un perimetro che, visto dal cielo da un padre eterno spietato o da un moderno drone, forma un rettangolo che cancella la figura frastagliata della città e le tessiture irregolari dei vari quartieri.

Precisando l'ipotesi interpretativa, si può supporre che Burri abbia ritrovato, adattandolo e in parte reinventandolo a partire dalla dimensione, nei materiali (i ruderi di una città) e negli strumenti insoliti (le ruspe), il suo modo di "fare opera", che si inscrive chiaramente in una postura artistica che la cultura e i suoi mediatori e intercessori "santuarizzano" via via. Autorizzano questa ipotesi il fatto che Burri ha "chiuso" il "Cretto gigante" nel rettangolo di una "tela" a scala territoriale; che ci ha tenuto, come un antico maestro, a presentare un modellino dell'opera al committente; e che non si è imposto la regola assoggettante della "ripetizione" delle antiche strade,

51

51 Alberto Burri, Cretto, 1972

52 Gibellina Vecchia, 1955

53
54 Grande Cretto, 2015

55 Grande Cretto, 1987: durante i lavori during works

like an ancient master; that he chose not to subject himself to the rule of "repeating" the ancient streets, a purely iconographical and therefore figurative repetition, a functional connotation – of architects.

We know that the Grande Cretto enjoyed a mixed reception.[7] It comes as no surprise that it was the displaced inhabitants of the historic village of Gibellina who lamented the disappearance of any recognisability, of any mnemonic and therefore affective reference, given the impossibility of their visiting the ruins, now covered by the enormous white "sheet" or concrete "shroud".[8] A visit that would be dangerous, forbidden yet tempting and almost possible before the Cretto. The people who grew up in the temporary shanty town, built to tide them over until Gibellina Nuova was built, and the younger generation, born in the new town, on the other hand, had no inclination to visit a ruin with a "stone on top of it," evidencing a sort of magnanimity towards a work of art that makes a powerful contribution to the reputation of Gibellina Nuova, "a city hub of contemporary art".[9] No doubt this feeling was swayed by the generally held opinion that the older generations are not culturally equipped to appreciate contemporary art. Perhaps too, a feeling that could not be expressed in words but niggled deep down inside also played its part. The work, i.e. the Cretto, the artist and "the others" who share and symbolically enjoy the artwork, have gained an asset, an object of affection that fate had torn from them, the elderly people who had survived the catastrophe.

52

53

54

55

On the other hand, I do not believe that the Sceru and Giumello "recompositions" will be the butt of recriminations, because throwing stones into the rectangular outline of a farm is humble work, done by laborers and construction workers, not unlike the way
56 in which peasants pile up stones on their pastures. The sort of work that, for the wider public, is in keeping with the many, often disinterested, attempts to safeguard our rural heritage; and in this regard the author is captivated by the *pietas* of these quasi anonymous acts.

With the "recomposition" worksites now halted or suspended, our particular architect took a look around. He realized, to his great satisfaction, that the Grande Cretto over the old Gibellina did not concern him, whilst a large number of operations focusing on the protection, maintenance, restoration and reuse of Ticino's rural heritage deserved to be flagged up and that their similarities and differences do influence, or can influence, the culture, mindset and flavor of a particular place. Thus, not far from Sceru or from Giumello, an operation to salvage and safeguard the entire settlement of Germanionico, at a height of 1470 meters was launched, «the only settlement in Val Malvaglia that has not suffered any defacement with additional constructions or alterations to existing buildings,» according to the information relating to the restoration project.[10]

This project is backed by a foundation set up recently, in 2013, given the fact that the settlement, currently made up of 17 rural buildings dating back to at least the fifteenth century, has been declared a settlement of national importance in the Federal Inventory of Swiss Heritage Sites of National Importance—ISOS— and is bound by the
57 Val Malvaglia regulatory plan.

The "project" carried out by Martino Pedrozzi and his "helpers" took place without any institutional context and was self-funded. The connection is, however, deserving of comment: totally unintentionally the two projects are complementary, each commensurate with the state of preservation, or otherwise, of the rural buildings and what they bear witness to, and therefore their coexistence, in a relatively similar and narrow area, assumes a pedagogical value and comprises an attraction for cultural tourism focusing on construction, on living, on the alpine populations and the anthropic landscape.

Ticino is teeming with such places. Here are just some of them: Prada, just above Ravecchia, an abandoned settlement in the Bellinzona region, is well worth a visit,

56

57

ripetizione puramente iconografica – e quindi figurativa – a connotazione funzionale: da architetto.

È noto che la ricezione del *Grande Cretto* si è rivelata contrastata[7]. Non sorprende che siano stati gli abitanti sfollati dalla Gibellina storica a lamentare la scomparsa di ogni riconoscibilità, di ogni riferimento mnemonico e pertanto affettivo, data l'impossibilità di visitare i ruderi, ormai coperti dall'immane "lenzuolo" bianco o "sudario" di cemento[8]. Visita pericolosa, interdetta ma tentatrice e virtualmente possibile prima del *Cretto*. La popolazione cresciuta nel villaggio di baracche, provvisorio, edificato in attesa che Gibellina Nuova spuntasse da terra, e i più giovani, nati nella nuova città, si sono mostrati, al contrario, poco tentati dalla visita a un rudere sul quale è stata messa "una pietra sopra", e manifestano invece una sorta di magnanimità nei confronti di un'opera d'arte che contribuisce fortemente alla reputazione di Gibellina Nuova, "città laboratorio dell'arte contemporanea"[9]. Sicuramente su questo differente apprezzamento ha pesato l'opinione largamente condivisa che comunque le generazioni più anziane non sono culturalmente armate per apprezzare l'arte contemporanea. Ma forse ha contato anche quel sentimento che non si poteva esprimere a parole ma agitava il fondo delle coscienze. L'opera, vale a dire il *Cretto*, l'artista e "gli altri" che condividono e simbolicamente godono dell'opera d'arte si sono appropriati di un bene, di un oggetto d'affezione che il destino aveva sottratto a loro, gli anziani scampati alla catastrofe.

Non credo invece che le "ricomposizioni" di Sceru e di Giumello susciteranno recriminazioni, perché il gettare pietrame nella traccia rettangolare di una cascina è un lavoro umile di manovalanza, da edili, non dissimile dall'atto del contadino quando
56 ammucchia i sassi sparsi sul pascolo. Un lavoro che per il largo pubblico si inscrive nelle tante iniziative, sovente disinteressate, di salvaguardia del nostro patrimonio rurale; e in questo intendimento l'autore è riassorbito nella *pietas* del gesto quasi anonimo.

Finiti o sospesi i cantieri di "ricomposizione", il nostro architetto si è guardato attorno. Si è reso conto, con intima soddisfazione, che il *Grande Cretto* di Gibellina storica non lo concerneva, mentre numerose imprese devolute alla protezione, manutenzione, restauro o riuso del patrimonio rurale ticinese meritavano di essere conosciute, imprese che per somiglianze e differenze stimolano o possono stimolare la cultura, l'intelligenza e il gusto di un paese. Così, non lontano da Sceru e da Giumello, nel comune di Serravalle nella Val Malvaglia, è stato dato avvio all'operazione di salvataggio e tutela globale del nucleo di Germanionico, situato a 1470 metri di altezza, «unico nucleo della Val Malvaglia che non ha subito negli anni alcuna deturpazione con costruzioni accessorie o modifiche agli stabili esistenti», recitano *Le informazioni sul progetto di restauro*[10]. Questo progetto è sostenuto da una fondazione creata di recente, nel 2013, in considerazione del fatto che il nucleo, attualmente costituito da diciassette rustici risalenti almeno al XV secolo, è stato dichiarato insediamento d'importanza nazionale dall'inventario degli insediamenti svizzeri da proteggere (ISOS) ed è
57 vincolato dal piano regolatore della Val Malvaglia.

Il "progetto" portato a termine da Martino Pedrozzi e i suoi "aiuti" si è svolto al di fuori di ogni quadro istituzionale ed è stato condotto con risorse proprie.

L'accostamento merita tuttavia un commento: senza alcuna premeditazione i due progetti sono complementari, commisurati ciascuno allo stato di conservazione, o meno, dei rustici e al tipo di testimonianza di cui si fanno carico, e pertanto la loro compresenza, in un territorio relativamente similare e ristretto, assume una valenza pedagogica e un'attrattiva per un turismo colto incentrate sull'edilizia, sull'abitare, sulla civiltà alpina e sul paesaggio antropico.

Di questi luoghi pullula il Ticino. Ne enumero alcuni: Prada, appena sopra Ravecchia, insediamento bellinzonese abbandonato, da un punto di vista conoscitivo rappresenta

56 Sceru:
cumuli di pietre raccolte dai contadini
stones piled up by peasants

57 Germanionico

having preserved the traces of ancient ways of life, such as the paths, the urban structure, the workshops, the water supply etc. So too are the abandoned villages of Faid, opposite Linescio, in Valle Maggia, and Boschetto, partially abandoned;
La Presa in Val Bavona; the Rovana grottoes, near Boschetto in Valle Maggia, damaged by the flood of 1978 but now partly rebuilt, and many other sites that have required courageous safeguarding and reutilization efforts.
It may be that keeping the wider public informed on all these initiatives would enable everybody to benefit from previous experiences and trigger new ones.

un'opportunità avendo conservato le tracce di usi antichi, quali i percorsi, la struttura urbana, gli opifici, l'approvvigionamento idrico ecc.; i villaggi abbandonati di Faid, di fronte a Linescio, in Valle Maggia; di Boschetto, parzialmente abbandonato; di La Presa in val Bavona; i grotti della Rovana, vicini a Boschetto in Valle Maggia, danneggiati dalla piena del 1978 ma ora in parte ricostruiti, e tanti altri siti che hanno suscitato coraggiose opere di salvaguardia e riuso.
Può anche darsi che informare il largo pubblico su tutte queste iniziative permetterebbe agli uni e agli altri di approfittare delle esperienze fatte e ne susciterebbe di nuove.

58 Sceru
Scala/Scale 1:2'000
1.
26–31 Ristrutturazione/Renovation, 1994
2.
37, 38 Ricomposizione/Recomposition, 2000
3.
33, 34 Ristrutturazione/Renovation, 2002
4.
41, 42 Ricomposizione/Recomposition, 2013
5–8.
39, 40 Ricomposizioni/Recompositions, 2015
9.
48, 49 Scomposizione/Disassembling, 2017

59 Giumello
Scala/Scale 1:2'000
10–34.
44, 45 Ricomposizioni/Recompositions, 2014
35–38.
46, 47 Ricomposizioni/Recompositions, 2015

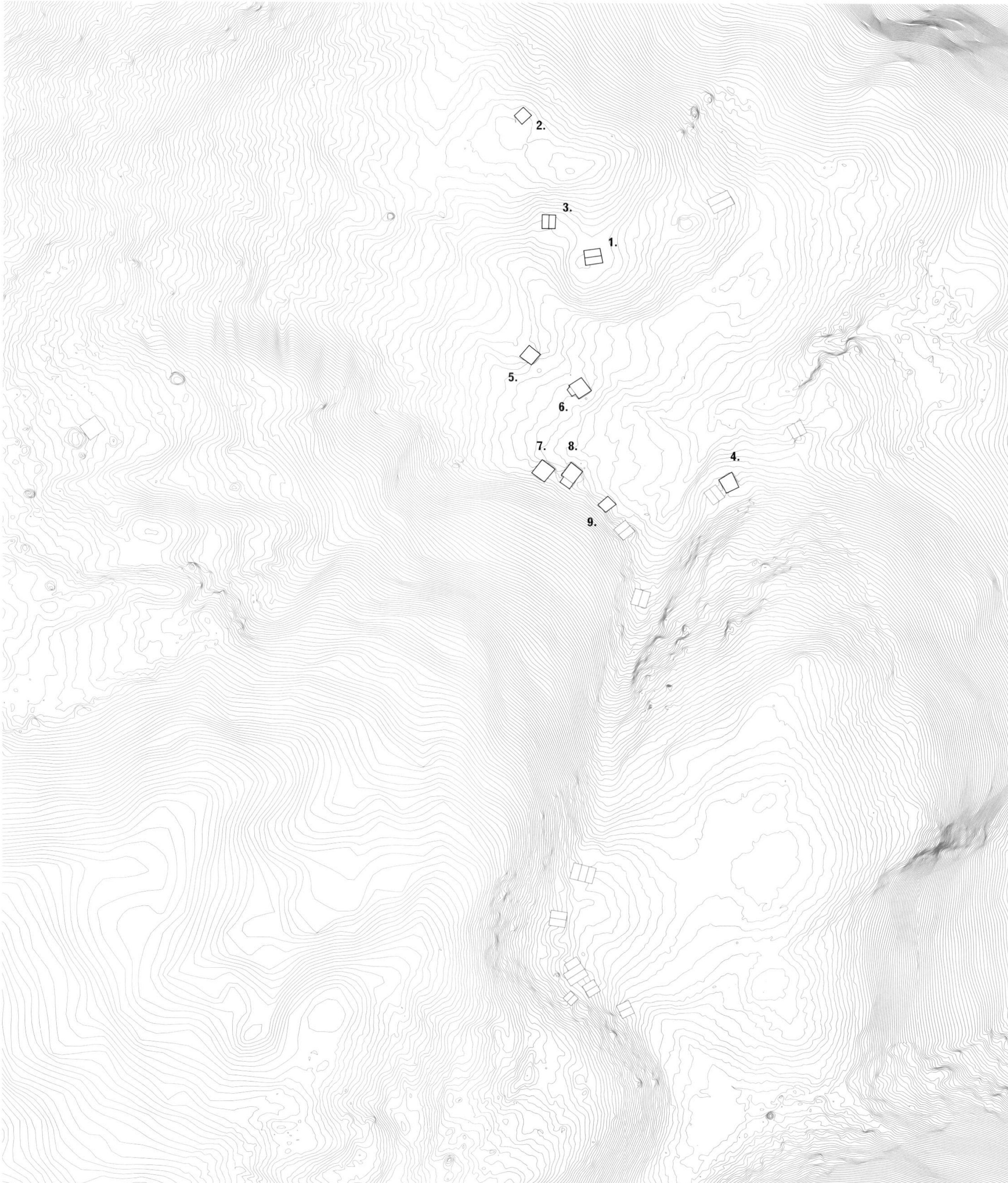

53

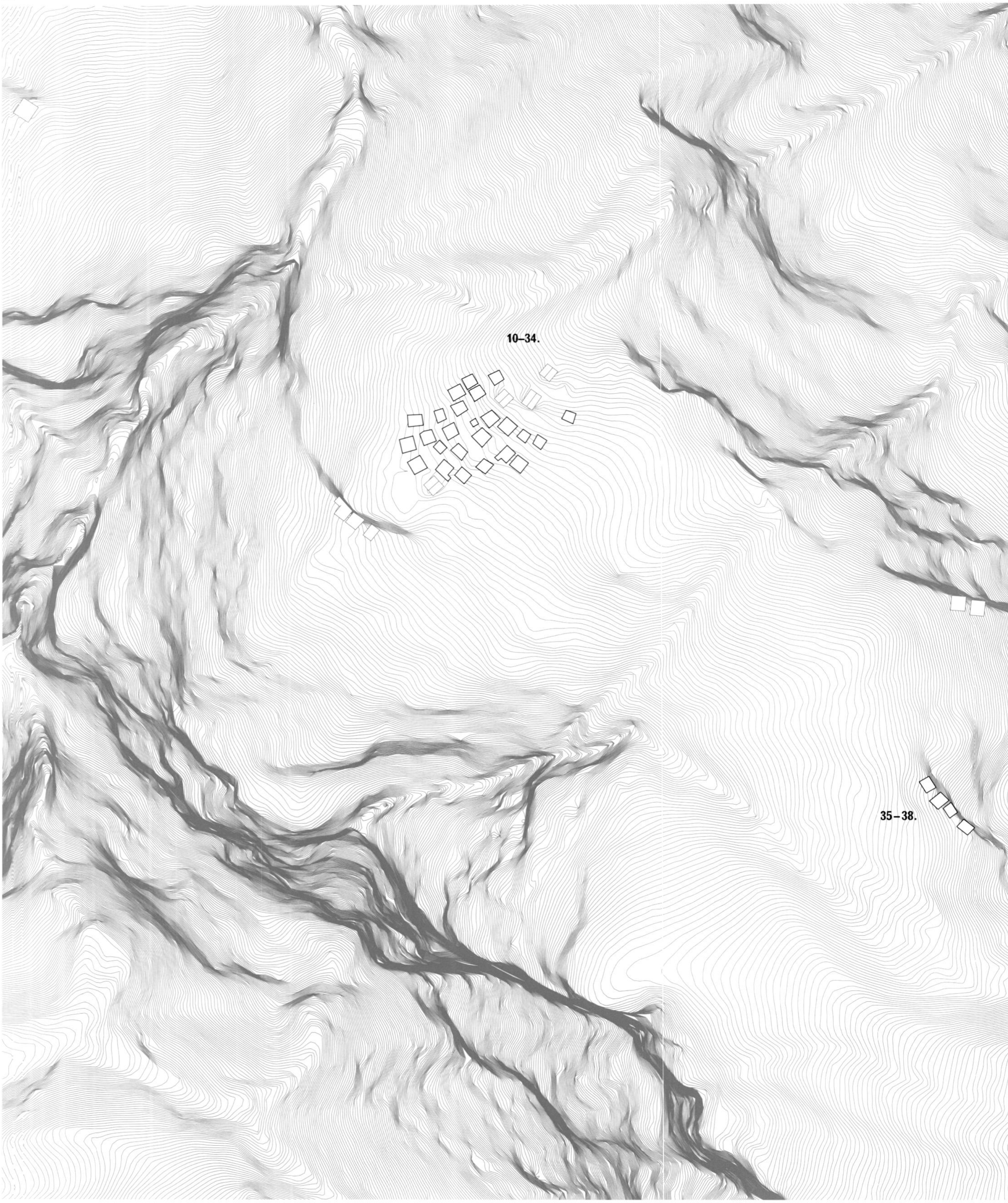
10–34.
35–38.

Note:

1 Con il mio collega Fabio Reinhart mi sono avvicinato alle questioni relative alla salvaguardia del patrimonio rurale del nostro cantone – di edifici singoli o di interi insediamenti – agli inizi degli anni settanta, quando la Fondazione Ticino Nostro sondò la nostra disponibilità ad allestire una mostra sulle recenti "buone pratiche" di intervento sul patrimonio rurale, che sarebbero state illustrate e commentate nel relativo catalogo.
L'obiettivo della Fondazione era di fornire, attraverso l'esemplificazione, criteri e riflessioni finalizzati a stimolare il recupero di villaggi che si spopolavano e di rustici lasciati all'abbandono; ma anche di trasmettere un ventaglio di modalità per incoraggiarne il riuso turistico e per soggiorni di fine settimana, senza stravolgerne l'aspetto e con frugalità, magari approfittando di prestiti vantaggiosi che alcune banche proponevano. A tale richiesta reagimmo con una controproposta: bisognava innanzitutto sostenere una ricerca finalizzata all'acquisizione di una conoscenza approfondita del patrimonio rurale, affrontata con gli strumenti dell'architetto, dello storico e del geografo – conoscenza che ritenevamo un preliminare irrinunciabile a ogni pratica e a ogni valutazione degli interventi di salvaguardia, di restauro e di riuso.
Per merito dei compianti Giuseppe Martinola e Adriano Soldini (che ne era il presidente) la Fondazione Ticino Nostro accolse la nostra controproposta e la sostenne.
Tre ricerche, considerate complementari, vennero formulate:
- La prima avrebbe documentato e raccontato la costruzione del territorio ticinese attraverso l'indagine storica e l'analisi materiale di case e insediamenti, esaminati per tipi e per forme, con riferimento ai primi piani catastali, alle pratiche dell'abitare e alle attività a cui si poteva risalire dalla documentazione disponibile.
- La seconda ricerca proponeva l'auscultazione della ricezione di questo patrimonio rurale, classificando le rappresentazioni e la memoria di luoghi, di percorsi, di pratiche, di stereotipi, per tipologia di utenti e in base al rispettivo bagaglio culturale: abitanti, convalligiani, visitatori, turisti.
- Una terza ricerca, che non ha avuto seguito per la rinuncia del responsabile designato, si sarebbe dovuta incentrare sulle modalità di trasmissione di tale patrimonio e quindi sul regime ereditario, sulla divisione e frammentazione della proprietà terriera e immobiliare e, quindi, su come risolvere tutte quelle difficoltà che un'operazione di recupero e riutilizzo solleva.
- Una quarta ricerca, non programmata, avrebbe potuto incentrarsi sui mestieri, sugli strumenti e le opere, sui materiali e sulla formazione delle maestranze che nel tempo si sono avvicendate sui cantieri rurali, al fine di ricostruire un vocabolario dell'architettura rurale.

Finalmente, nel 1979 furono date alle stampe due voluminose pubblicazioni:
La costruzione del territorio del Canton Ticino, a cura e con testi di Aldo Rossi, Eraldo Consolascio e Max Bosshard, introdotto da Bruno Reichlin e Fabio Reinhart; e *Pratica e rappresentazione dello spazio urbano*, a cura di Martin Krampen con testi di Gianfranco Agazzi, Maurice Goetz, Enrico Prati, Alain Blanc e Luis J. Prieto.
Nell'introduzione criticavamo il formalismo purovisibilista e talvolta l'animismo degli inventari dello Heimatschutz e della Denkmalpflege (si vedano a questo proposito espressioni come "facciate ritmicamente articolate" o "strade a fondo di sacco senza vita"), mentre riconoscevamo l'utilità dell'ISOS, primo censimento dei siti costruiti a scala

Notes:

1 My colleague Fabio Reinhart and I started to explore the issues involved with safeguarding the rural heritage in our canton – individual buildings and entire settlements – in the early Seventies, when the Ticino Nostro Foundation sounded us out about putting on an exhibition on recent "best practice" interventions on the rural heritage, to be illustrated and discussed in the catalogue that went with it.
The Foundation's aim was to provide examples of criteria and considerations that would trigger the rehabilitation of villages that were becoming depopulated and rural buildings that were being abandoned; but also to flag up a raft of ways for encouraging them to be used for tourism and weekend breaks, without compromising their integrity and at a low cost, perhaps leveraging the affordable loans being offered by some of the banks. We responded to this request with a counterproposal: first and foremost research was required to form an in-depth knowledge of the rural heritage, by means of architectural, historical and geographical tools.
We saw this knowledge gathering as a crucial preliminary to any work on or assessment of the safeguarding, restoration and reuse interventions.
Thanks to the late Giuseppe Martinola and Adriano Soldini (who was the president) Ticino Nostro Foundation agreed to our counterproposal and supported it.
Three research projects, seen as complementary, were drawn up:
- The first involved documenting and recording the construction of the Ticino region through historical studies and material analysis of the houses and settlements, examined by type and form, with reference to the early cadastral plans, the living practices and activities that the available documentation could shed light on.
- The second involved the auscultation of the impact of this rural heritage, classifying the representations and memory of places, itineraries, practices, stereotypes according user typology and based on their respective cultural baggage: inhabitants, fellow valley dwellers, visitors and tourists.
- The third, which came to nothing because the designated manager pulled out, was to have focused on the way in which this heritage was passed on and therefore on the inheritance regime, on the division and fragmentation of land and property ownership and, therefore, on how to resolve the issues that rehabilitation and reuse operations throw up.
- A fourth, unprogrammed, research project might have focused on the occupations, the tools and the works, on the materials and on the training of the laborers who came to work in the rural construction sites, in order to rebuild a vocabulary of rural architecture.

Finally, in 1979, two voluminous publications went to press:
- *La costruzione del territorio del Canton Ticino* edited by and containing essays by Aldo Rossi, Eraldo Consolascio and Max Bosshard, with an introduction by Bruno Reichlin and Fabio Reinhart;
- *Pratica e rappresentazione dello spazio urbano*, edited by Martin Krampen with essays by Gianfranco Agazzi, Maurice Goetz, Enrico Prati, Alain Blanc and Luis J. Prieto.

In the introduction, we criticized the pure-visibilistic formalism and at times the animism of the Heimatschutz and Denkmalpflege inventories — in which expressions such as "rhythmically articulated facades" and "lifeless dead ends" appear — while we recognized the value of the ISOS, the first census of sites built on a national scale, which was systematic, chronicled major urban events, picked up on situations and problems, but was inevitably

nazionale, sistematico e attento ai fatti urbani determinanti, capace di riconoscere situazioni e problemi, ma per forza di cose generico. Vale a dire non sufficientemente dettagliato per affrontare caso per caso la complessità di una situazione in attesa del conferimento del tipo adatto di protezione, o la difficoltà della definizione degli elementi guida di un progetto, che si tratti di un piano regolatore o del restauro di edifici. Le nostre ricerche avevano l'ambizione di porsi come modello per accedere alla specificità storica, critica e formale postulata. Occorre infine rammentare che in quegli anni non si disponeva ancora né del primo né del secondo volume de *La casa rurale nel Canton Ticino* (a cura di Max Gschwend, Verlag G. Krebs, Basel 1976–1982), il cui primo tomo era stato pubblicato nel 1976 quando la nostra ricerca era già impostata; tanto meno del monumentale *Atlante dell'edilizia rurale in Ticino*, diretto da Giovanni Buzzi nell'ambito della Sezione Architettura della Scuola tecnica superiore di Lugano-Trevano (STS), la cui redazione cominciò nel 1979 e che venne dato alle stampe ben più tardi, in otto volumi, fra il 1993 e il 2000.

2 John Ruskin, *The Poetry of Architecture* (1837), citato da Roberto di Stefano in *John Ruskin interprete dell'architettura e del restauro*, Napoli 1969, p. 113.

3 John Ruskin, The Seven Lamps of Architecture (1849); cfr. Roberto di Stefano, *John Ruskin interprete*, 1969. p. 126, cap. VI: "Proteggere per non restaurare".

4 *La costruzione del territorio del Canton Ticino*, a cura e con testi di Aldo Rossi, Eraldo Consolascio e Max Bosshard, introd. Bruno Reichlin e Fabio Reinhart, Fondazione Ticino Nostro, Lugano 1979, cap. "La costruzione del territorio nel Cantone Ticino", par. "L'abbandono", pp. 26–27.

5 Adolf Loos, *Parole nel vuoto* (1921), Adelphi, Milano 1992, p. 255.

6 *Neues Bauen in den Alpen. Architettura contemporanea alpina. Architekturpreis 1999: premio d'architettura 1999*, a cura di Christoph Mayr Fingerle, Birkhäuser Verlag, Basel 2000, e *Neues Bauen in den Alpen. Architettura contemporanea alpina. Architekturpreis 2006: premio d'architettura 2006*, Birkhäuser Verlag, Basel 2008.

7 Antonella Ferrara, *L'identità perduta di Gibellina* e *Tra turismo e ricordi del passato: il Cretto di Burri divide le generazioni*, in "il Ducato", testata dell'Istituto per la formazione al giornalismo di Urbino: www.ilducato.it

8 Il passaggio inerente al *Grande Cretto* di Gibellina realizzato da Alberto Burri si è basato sulla letteratura seguente: Vittorio Brandi Rubiu, *Alberto Burri*, Castelvecchi, Roma 2015; Marco di Capua e Lea Mattarella, *Palazzo Albizzini*, nel catalogo della Fondazione Burri a cura di Chiara Sarteanesi, Skira, Milano e Fondazione Burri, Città di Castello 1999, pp. 22–24; Bruno Corà, *Modalità di Burri. La materia in forma: note per la genesi di un lessico*, nel catalogo dell'esposizione "Alberto Burri" presso la Triennale di Milano dall'11 novembre 2008 all'8 febbraio 2009, catalogo a cura di Maurizio Calvesi e Chiara Sarteanesi, pp. 31–35; Bruno Corà, *Burri e i Cellotex: un denominatore comune nella pittura di materia*, nel catalogo dell'esposizione "Alberto Burri, opera al nero, Cellotex 1972–1992" presso la Galleria dello Scudo di Verona dal 15 dicembre 2012 al 31 marzo 2013, catalogo a cura di Massimo di Carlo e Laura Lorenzoni, pp. 11–24.

9 Davide Camarrone, *I maestri di Gibellina*, Sellerio, Palermo 2011.

10 Citazioni tratte dal rapporto sul messaggio municipale n. 3 del 12 settembre 2016, Commissione della Gestione, Comune di Serravalle.

generic. In other words, not detailed enough to tackle the complexity of situations demanding the type of safeguarding or the complexity of drawing up the guidelines for a project, whether for a regulatory plan or the restoration of buildings case by case.
Our research aimed to be seen as a model for accessing the historical, critical and formal specifics postulated.
Lastly, it should be borne in mind that in those days neither the first nor the second volume of *La Casa Rurale nel Canton Ticino* —edited by Max Gschwend and G. Krebs, Basel, 1976–1982— the first volume of which was published in 1976, were available by the time our research had been programmed; nor could we avail ourselves of the monumental *Atlante dell'Edilizia Rurale in Ticino*, edited by Giovanni Buzzi on behalf of the Architecture Section of the Technical High School in Lugano-Trevano —STS—, which he started work on in 1979 and which was published a good deal later, in eight volumes, between 1993 and 2000.

2 John Ruskin, *The Poetry of Architecture* (1837), quoted by Roberto di Stefano in *John Ruskin interprete dell'architettura e del restauro*, Napoli 1969, p. 113.

3 John Ruskin, *The Seven Lamps of Architecture* (1849); see Roberto di Stefano, *John Ruskin interprete*, 1969. p. 126, cap. VI: "Proteggere per non restaurare".

4 Aldo Rossi, Eraldo Consolascio and Max Bosshard, op. cit., chapter entitled "La costruzione del territorio nel Cantone Ticino," para. "L'abbandono," pp. 26–27.

5 Adolf Loos, *Parole nel vuoto*, Milan: Adelphi, 1992, p. 255 (first original edition: 1921).

6 Christoph Mayr Fingerle, ed. by, *Neues Bauen in den Alpen | Architettura contemporanea alpina: Architekturpreis | Premio di Architettura 1999*, Basel: Birkhäuser, 2000, and *Neues Bauen in den Alpen | Architettura contemporanea alpina | New Alpine Architecture: Architekturpreis | Premio di Architettura | Architecture Prize 2006*, Basel: Birkhäuser, 2008.

7 Antonella Ferrara, "L'identità perduta di Gibellina," "Tra turismo e ricordi del passato: il Cretto di Burri divide le generazioni," in *Il Ducato*, online newspaper of the University of Urbino School of Journalism, www.ilducato.it

8 The excerpt on the Grande Cretto in Gibellina created by Alberto Burri was based on the following: Vittorio Brandi Rubiu, *Alberto Burri*, Rome: Castelvecchi 2015; Marco di Capua, Lea Mattarella, "Palazzo Albizzini," in the *Burri Foundation Catalogue*, ed. by Chiara Sarteanesi, Skira, Milan, Burri Foundation, Città di Castello: 1999, pp. 22–24; Bruno Corà, "Modalità di Burri. La materia in forma: Note per la genesi di un lessico," exh. cat. *Alberto Burri*, La Triennale di Milano (11.11.2008 to 8.2.2009), ed. by Maurizio Calvesi and Chiara Sarteanesi, pp. 31–35; Bruno Corà, "Burri e i Cellotex: Un denominatore comune nella pittura di materia," exh. cat. *Alberto Burri, Opera al nero, Cellotex 1972-1992*, Galleria dello Scudo, Verona (15.12.2012 to 31.3.2013), ed. by Massimo di Carlo and Laura Lorenzoni, pp. 11–24.

9 Davide Camarrone, *I maestri di Gibellina*, Palermo: Sellerio, 2011.

10 Quotations from the *Rapporto sul messaggio municipale No.3*, 12th September 2016, Management Committee, Municipality of Serravalle.

I coniugi Elide (nata Menegalli) e Augusto Giudici della Ganna, intervistati da Sebastiano Brandolini e Martino Pedrozzi a Crégua, Val Malvaglia, il 14 settembre 2016.
Negli anni '50, da ragazza, Elide è stata tra le ultime persone a frequentare l'alpe di Giumello, prima del suo definitivo abbandono.

E. Elide
A. Augusto
S. Sebastiano
M. Martino

The Spouses Elide (née Menegalli) and Augusto Giudici della Ganna, interviewed by Sebastiano Brandolini and Martino Pedrozzi in Crégua, Val Malvaglia, September 14, 2016.
In the Fifties, during her youth, Elide was among the last people to attend Giumello alp, before its final abandonment.

E. Elide
A. Augusto
S. Sebastiano
M. Martino

S. Siamo qui a Crégua per parlare dei luoghi dove Martino Pedrozzi ha lavorato e sta lavorando come architetto. Il suo è un progetto di riordino degli alpeggi che una volta esistevano in questa valle. La gente, un tempo, in questi luoghi viveva.

E. Sopravviveva.

S. Sopravviveva, giusto. Con Elide e Augusto vorremmo capire come sono cambiate le cose, tirare fuori qualche ricordo. L'abbandono è un argomento che riguarda molti luoghi tra loro diversi. La nostra società produce luoghi nuovi che si costruiscono e luoghi vecchi che si abbandonano[1]. Assistiamo a grandi cambiamenti nel corso di poche generazioni. Abbiamo già mangiato e bevuto, siamo tutti di buon umore e per adesso non piove. Come è cambiata Crégua negli ultimi cinquant'anni?

E. Cinquant'anni fa Crégua era ancora vissuta, non proprio tutto l'anno ma quasi, da aprile a dicembre. Perché a quei tempi la vita era quassù, e non giù al paese. I contadini – ed erano contadini la maggior parte degli abitanti del comune di Malvaglia – vivevano qui, non giù. Salivano a marzo o aprile e scendevano a dicembre. E qui si viveva, cioè si sopravviveva, di ciò che si raccoglieva.

S. Quindi era un'economia agricola e di allevamento?

E. Rurale, diciamo di allevamento. Ma che allevamento...? C'era chi aveva due o tre mucche, chi un vitello, un maiale, poche capre, poche pecore, un paio di galline. E poi si vangava: campi e campi e campi, e patate, e segale...

S. E d'estate si saliva più su?

E. In estate, ogni quindici giorni o tre settimane, si saliva un po' più su; c'era il *gerlo*[2] dove si riponevano le pentole e si andava da un alpeggio all'altro finché non si arrivava in Giumello, che era l'ultimo. E poi si scendeva, sempre così. Io sono andata in Giumello per la prima volta a otto mesi, portata dalla mia mamma nel *gerlo* mezzo colmo di fieno, e io adagiata sopra.

S. Come Gesù Bambino?

E. Proprio come Gesù Bambino. Il nostro giaciglio era un mazzo di *fiu di hüpp*.

A. Rosa Alpina.

E. Se ne tagliava una bracciata che si poneva in un angolo della cascina, e quello era il nostro giaciglio, con un sacco di juta buttato sopra. In Giumello c'era il posto che si chiamava *rör di hüpp*. La vita dipendeva da com'era il tempo. Quand'era bel tempo tutto andava bene, ma quando venivano i temporali forti, che ti portavano via l'ombrello, bisognava andare a raccogliere le bestie, se no cadevano nei dirupi...

M. Le bestie stavano all'esterno e le cascine erano per le persone?

E. Esattamente, in Giumello.

S. Voi scendevate anche più in basso di qua, oppure Crégua era il punto più basso?

E. Questo era il punto più basso della vita in valle. E da qui si andava a Malvaglia. Ma solo d'inverno, quattro o cinque mesi all'anno, non di più. La scuola finiva il primo di giugno e ricominciava il primo di ottobre. La vita era tutta diversa, e di conseguenza anche la scuola; non esistevano le vacanze come oggi, c'era solo qualche giorno a Natale, qualche giorno a Pasqua, e basta. Parliamo di fine anni quaranta e anni cinquanta.

S. Non c'era nessun turismo qui? Nessuno veniva a vedere la bellezza di questi posti?

E. No! Nessun turismo. A vedere la bellezza di cosa? La bellezza c'è adesso, ma a quei tempi... forse allora era più bello perché era un po' più pulito, e non c'era così tanto bosco, i prati erano tutti falciati, i campi coltivati. Allora i terreni non erano ancora stati raggruppati[3], e non c'era la strada. Da Malvaglia il papà si caricava il sacco pieno di mangiare da portare fino in Giumello, e ci andava a piedi. Un giorno intero a piedi, sette o otto ore.

M. Cosa si mangiava a Giumello? Polenta?

E. Chi ce l'aveva, chi poteva pagarla, perché a quei tempi lavoro zero. E quindi tutti si dovevano arrangiare. A primavera si andava dal negoziante. A quei tempi anche

S. We've come to Crégua to talk about the places where Martino Pedrozzi worked and is still working as an architect. He's working on a project to reorder the pastureland that once existed in this valley; people lived in these areas once upon a time.

E. Survived.

S. Survived, that's right. We're talking to Elide and Augusto to try and get a handle on how things have changed, to jog their memories. Abandonment is an issue that affects many different places. Our society produces new places that are built and old places that are abandoned.[1] We've seen huge changes over just a few generations. We have eaten and drunk, we're all in a good mood and at the moment it's not raining. How has Crégua changed over the last fifty years?

E. People still lived in Crégua fifty years ago, not exactly all year round, but almost, from April to December. Because life took place up here then, not down in the village. The peasants, and most of the people living in the municipality of Malvaglia, were peasants. They lived here, not down there. They came up in March or April and went back down in December. We lived here, or at least we survived on what we could harvest.

S. So the economy was built on agriculture and livestock?

E. Rural, livestock, let's say. But what livestock...? There were those who had two or three cows, or a calf, a few goats, a few sheep, a couple of hens. Then there was the plowing: field after field, potatoes, rye...

S. Did people go higher up in the summer?

E. During the summer, every fortnight or three weeks, we went further up; we had a *gerlo*[2] [pannier] where we put the saucepans and we went from one pasture to the next until we got to Giumello, the last. Then we made our way down, the same way. I went to Giumello for the first time when I was eight months old; my mother carried me in her pannier, half full of hay, with me on top.

S. Like the Baby Jesus?

E. Just like the Baby Jesus. Our bed was a bundle of *fiu di hüpp*.

A. Alpine roses.

E. In Giumello there was a place called *rör di hüpp*. You cut off an armful [of alpenroses] that you laid in a corner of the farmhouse, and that was our bed, with a burlap sack chucked on top. Life revolved around the weather. All was well when it was fine, but during the heavy storms that whipped your umbrella away, we had to go and round up the animals, so they didn't fall off the crags...

M. The animals stayed outside and the farmhouses were for the people?

E. Exactly, in Giumello.

S. Did you go even lower down, or was Crégua the lowest point?

E. This was the lowest point of life in the valley. After this we went to Malvaglia. But only in the winter, four or five months a year, no more. School finished on the first of June and started again on the first of October. Life was completely different, so school was too; there weren't holidays like there are today, just a few days at Christmas, a few days at Easter and that's all. This was in the late 1940s and 1950s.

S. Was there no tourism here? Did anybody come to see the beauty of these places?

E. No! No tourism. What beauty? It's beautiful now, but then... maybe it was better before when it was a bit cleaner, and there wasn't so much woodland, the meadows were all mown and the fields cultivated; the land hadn't been regrouped,[3] and there was no road. Our father filled his sack up with food in Malvaglia and carried it all the way back to Giumello, and he went on foot. A whole day on foot, seven or eight hours.

M. What did you eat in Giumello? Polenta?

E. If you had it, if you could pay for it, because at that time there was no work. Which meant that we all had to make do. People went to the storekeeper in spring. In those

il negoziante non era come adesso: aveva i sacchi da cinquanta chili con la paletta di ferro e i sacchetti di carta e ci metteva un chilo di zucchero o un chilo di farina o un chilo di pasta, o di riso, o di quello che c'era. Per andare su in alto si usavano dei sacchetti di cotone.

S. Comunque l'acqua c'era, il formaggio, e i polli...

A. Oh, non sempre si avevano i polli. Magari quelle tre, quattro galline...

M. Alcune cose si producevano, altre si acquistavano. E se a una persona mancavano i soldi?

E. Quella persona veniva segnata sul libretto. Il negoziante aveva un libretto per ogni famiglia e marcava cinque chili di pasta, cinque di zucchero... eccetera. A fine stagione, più o meno a settembre, c'era il mercato delle pecore e a novembre quello delle capre. C'era qualche mucca che si portava alla fiera, e quei pochi soldi che prendeva uno li portava direttamente al negoziante, e pagava il suo debito. Se non pagavi, l'anno dopo non prendevi niente, come *l'è giüsst*[4].

S. La sopravvivenza. Si percepiva in quegli anni la povertà, oppure era considerata normale?

E. Penso fosse considerata normale, perché tutti eravamo uguali, soprattutto noi che abitavamo in queste montagne. Vivevamo delle bestie e degli ortaggi che avevamo e del lavoro che non c'era.

S. La sua famiglia aveva un conto in banca?

E. Non sapeva neanche che cos'era... forse un conto in banca ce l'avevano i signori... uno che era dottore o avvocato, anche se ce n'erano pochissimi a quei tempi...

S. Quindi gran parte di quello che producevate vi serviva per vivere...

E. Sopravvivere. Il più delle volte non si vendeva nulla perché non c'era quasi niente... Se si vendeva qualcosa d'estate, allora era un anno buono; ma se con qualche bestia andava male, allora non c'era né formaggio né burro, e non potevi ripagare al negoziante la merce che avevi preso prima.

S. Si barattava?

E. Sì, più o meno si barattava. Ecco un esempio. Si raccoglievano i mirtilli nel bosco, poi col *gerlo* si portavano a spalla giù a Malvaglia. Quando si arrivava a Ponterio, al principio della valle, c'era la filovia. Si pagava la discesa 20 o 30 centesimi e si andava giù in paese; lì i mirtilli li comperavano i negozianti che a noi davano 20 centesimi al chilo. Se ne portavi 10 chili voleva dire 2 franchi – tanti soldi per quei tempi. Il pane, la *büchèla* come la chiamiamo noi, quella rotonda, costava 20 centesimi al chilo. Non come adesso 5 franchi. Ma gran parte del pane il mio papà lo faceva nel forno che c'è qua sotto... E lo faceva una volta ogni tre mesi.

M. Ogni tre mesi?

E. Sì, pane di segale; e per noi bambini faceva *ul sparsèta*! Era come una michetta con la testa, un piccolo panino con un corpo e due gambe, una specie di bambola. E noi ci giocavamo come fosse una bambola. Quando eravamo stanchi lo tagliavamo...

S. Poi quando avevate fame mangiavate la bambola...

E. Mangiavamo la bambola. Nella cascina, dove c'era il fuoco c'era anche la *scora*, un sottotetto, un soppalco fatto di tronchi uno vicino all'altro dove si metteva il pane, così non ammuffiva perché seccava. Diventava duro, e per mangiarlo prendevamo la scure per spaccare la legna e spaccavamo anche il pane. Poi lo mettevamo nella ciotola con il latte e mangiavamo quello. Le pannocchie invece venivano appese a un filo.

S. Quindi una volta questo era un paesaggio più ordinato, era un paesaggio agricolo.

E. Più ordinato perché c'erano le *ciuèn* che delimitavano il patriziato[5] e le proprietà private; erano dei recinti fatti tutti di sasso, dei muretti, diciamo. Ce n'erano dappertutto, anche salendo verso Sceru. I prati erano proprietà delle famiglie, di una o dell'altra, oppure facevano parte del patriziato, che era proprietà di tutti. Nel patriziato pascolavano le bestie, si prendeva lo strame, la legna eccetera. Era un paesaggio ordinato perché uno non poteva lasciar entrare una bestia sulle proprietà private.

days even the storekeeper was different to how they are now. He had fifty-kilo sacks and an iron scoop and paper bags and he would put a kilo of sugar or a kilo of flour or a kilo of pasta, or rice, or whatever there was into them. We used cotton bags to carry it up.

S. But you did have water, cheese, and the chickens…

A. Oh, we didn't always have chickens. Maybe just three, four hens…

M. So you produced some things, bought the rest. What happened if somebody did not have any money?

E. Their names were written in the book. The storekeeper had a book for each family and marked down five kilos of pasta, five of… etc. At the end of the season, around September, there was the sheep market and then the goat market in November. Sometimes people took a cow to the fair, and then took the little money they had made directly to the storekeeper, and paid. If you didn't pay, you got nothing the next year, *come l'è giüsst.*[4]

S. Survival. Did people realize how poor they were then, or was it considered normal?

E. I think people thought it was normal, because we were all the same, especially those of us who lived in these mountains. We lived on the animals and the vegetables we had and from the work that didn't exist.

S. Did your family have a bank account?

E. They wouldn't have know what that was… The higher classes might have had bank accounts… doctors or lawyers, although there weren't very many of them then…

S. So most of what you produced was used for you to live on?

E. Survive on. Mostly we didn't sell anything because there was hardly anything… If we sold something in the summer, it was a good year; but if things went badly with an animal there was no cheese or butter, and you couldn't repay the storekeeper for the goods you had taken previously.

S. Did people barter?

E. Yes, people basically bartered. Here's an example. We picked blackcurrants in the woods and then carried them down to Malvaglia in panniers on our backs. When we got to Ponterio, at the start of the valley, there was the cable car. It cost twenty or thirty centimes to get down to the village; the storekeepers there gave us twenty centimes a kilo. If you had ten kilos they gave you two francs. It was a lot of money back then. Bread, the *büchèla* as we call it, the round loaf, cost twenty centimes a kilo. Not five francs as it is now. But my father made most of the bread in the oven just down here… He made it once every three months.

M. Every three months?

E. Yes, rye bread; and he made *ul sparsèta* for us children! It was like a Michetta bun with a head, a little bun with a body and two legs, like a doll. We played with them as if they were dolls. When we got bored we cut them up…

S. So when you were hungry, you ate the doll…

E. We ate the doll. Where the fire was in the farmhouse, there was a *scora*, a roof space, a loft, made of a row of logs, one next to the other where we put the bread, that way it didn't go moldy because it dried up. It became hard and when we wanted to eat it we used axes to break up the wood and we also broke up the bread. Then we put it in bowls with milk and ate it. We hung the cobs on a piece of string, though.

S. So once upon a time the land was better ordered, it was an agricultural landscape.

E. It was more ordered because there were what were known as *ciuèn* marking the boundaries of the patriciates[5] and the private properties; they were enclosures made entirely of stone, little walls, let's say. They were all over the place, even on the way up to Sceru. The meadows belonged to the families, one or other of them, or else they were part of the patriciate, which belonged to everybody. The animals grazed

S. In questa situazione, c'erano molti litigi fra le persone…

E. No! C'era un senso forte di comunità, perché eravamo tutti uguali. Oggigiorno il litigio è provocato dal fatto che io sono di più e l'altro è di meno, che io sono contadino e tu avvocato, tu ricco e io no. È questo a provocare i litigi. Ma a quel tempo ci si aiutava, c'era più fratellanza. Per esempio, quando moriva una mucca che cadeva, tutti si prendevano quel chilo o due di carne da consumare lì. Ci si divideva la mucca e il proprietario andava ricompensato.

S. Insomma, era un socialismo…

A. Più o meno, più o meno sì. Le cascine, per esempio: un anno si costruiva la mia, un altr'anno la tua. C'era comunità. Certo, c'era qualche litigio, ma pochi.

M. Vi ricordate, per esempio, della costruzione di una cascina a Giumello?

E. No, le cascine in Giumello c'erano già. Le avevano costruite, penso, gli antenati. Osservando certi posti della montagna, per esempio su in Ürbell, ci si chiede come diavolo avranno fatto a costruire quelle cascine. Elicotteri non ce n'erano… tutto a spalla, dovevano portare su le travi, tutto… e i sassi… tutto a mano.

M. In questi alpeggi, anche se non ogni persona sapeva fare tutto, c'erano tutte le competenze.

A. Ci si arrangiava. Si era autosufficienti.

S. Quanti sapevano scrivere?

E. Il mio papà e la mia mamma sapevano scrivere. La mia mamma, che era nata nel 1910, era andata a scuola a Dandrio, dove ora c'è l'osteria. La chiamano ancora la *scöra,* scuola in dialetto. Ma prima che la scuola diventasse obbligatoria c'era tanta gente che non sapeva scrivere.

S. Quindi voi due scrivevate…

E. Sì, noi siamo andati a scuola a Malvaglia. Io ho ancora le mie penne che si intingevano nel calamaio, e la scatolina dei datteri che mi serviva come astuccio. Le ho ancora tutte, io, quelle cose! Mi ricordo gli ultimi anni, '47, '48 e '49, quando c'era ancora più fame del tempo di guerra. In tempo di guerra gli uomini andavano a prestare servizio militare e almeno portavano a casa i biscotti. Ma dopo la guerra la situazione è peggiorata; allora il mio papà assieme ad altre due o tre persone veniva portato con un camioncino giù fino a Locarno e su fino a Camedo. Poi usciva a piedi in Italia e tornava con cinquanta chili di riso, caffè e zucchero sulle spalle, per ricevere cinque chili di riso come paga.

S. Perché il riso era più importante della polenta? È perché la polenta ve la facevate voi?

A. Non tutti avevano la polenta. Non tutti potevano coltivare il granoturco perché i prati venivano falciati per dar da mangiare alle bestie. Se ne piantavano un po' era per la gallina.

E. Fino al 1955 ha funzionato così. E si andava anche a falciare il fieno di bosco e su certi pascoli ripidi… C'era un signore che abitava in quella casa là dove c'è la bandiera, vede? Ecco, lui andava a falciare tutto quel prato. Il prato lo chiamavano *Madéi*. Lui e la moglie salivano… si vede lì ancora un pochettino di sentiero che gira là e arrivavi sopra lì… ecco, lui falciava quel prato là, buttava giù il fieno e lo prendeva sotto e se lo portava a casa. Vede là sopra? C'era il mio papà che piazzava lì il filo e lo tirava fin qui dove adesso c'è l'argano. Tagliava là i *dross*[6] per fare la legna perché qui a Crégua di legna non ce n'era. E li mandava giù. Altrimenti dovevamo andare a prendere gli alberi fin sotto *ra Fopa*[7], dove c'erano gli abeti e il patriziato ce ne vendeva uno o due all'anno. Poi andavamo a prendere la legna col *gerlo* per portarla qui e bruciarla; saranno stati due chilometri.

S. I vostri ricordi non sono romantici ma realistici; ma tanti dicono che il passato era migliore. Com'erano la povertà e la fatica di quegli anni?

E. Ce n'era molta, molta… A Casina di Dandrio c'erano due fratelli rimasti soli con il papà. Ma il papà era anziano e non camminava più. Non c'erano le case di riposo come ci sono adesso. Uno dei due figli andava in alpeggio: Pian da Pèna, Giumello, con le bestie; e faceva le calze e faceva i pullover. L'altro figlio rimaneva a Casina di Dandrio e falciava

in the patriciate, we gathered hay, wood, etc. It was an ordered landscape because you couldn't let animals go onto private property.

S. Did people quarrel a lot, given the situation…

E. No! There was a strong sense of community, because we were all equals. Nowadays quarrels break out because people are better or worse than the other, because I'm a peasant and you're a lawyer, you're rich and I'm not. That is what triggers fights. But then we all pulled together, there was more fraternity. For example, when a cow fell down dead, we all took a kilo or two of meat to eat there. We divided up the cow and the owner was recompensed.

S. Basically, it was a case of socialism…

A. More or less, more or less. Yes, that's true. The farmhouses for example: one year mine was built, the next yours was. There was a sense of community. Naturally there were a few quarrels, but not many.

M. Do you remember, for example, about a farmhouse being built in Giumello?

E. No, the farmhouses in Giumello were already there. I think they were built by previous generations. When you look at some parts of the mountain, up at Ürbell for instance, you wonder how on earth they managed to build those huts. There were no helicopters… they had to carry everything up on their backs, the beams, everything… and the stones… all by hand.

M. In these mountain areas, even if not everyone knew how to do everything, all the skills were there.

A. We got on with it. We were self-sufficient.

S. How many people knew how to write?

E. My father and my mother could write. My mother, who was born in 1910, went to school in Dandrio, where the restaurant is now, we still call it the *la scöra*, school in dialect. But before school became compulsory there were lots of people who couldn't write.

S. So you could both write…

E. Yes, we went to school in Malvaglia. I've still got my pens, which we dipped in the inkwells, and the date box that I used as a pencil case. I've still got all those things! I remember those last few years, 1947, 1948 and 1949, when there was even more hunger than in wartime. During the war the men went off to do their military service and they brought biscuits home at least. But after the war the situation got worse; then my father, along with another two or three people, was taken down to Locarno and then up to Camedo in a truck. Then he went to Italy on foot and came back with fifty kilos of rice, coffee and sugar on his back, getting five kilos of rice in return.

S. Why was rice more important than polenta? And why did you make your own polenta?

A. Not everybody had polenta. Not everybody could grow corn because the meadows were mown to feed the animals. If they grew any it was for chicken feed.

E. That was how it worked until 1955. We also went to cut down the hay in the wood and on some of the steep meadows…There was a chap who lived in the house with the flag, can you see it? He went to mow that whole meadow. He called the meadow *Madéi*. He and his wife went up… you can still see a bit of the path that went round there and then on up… he mowed that meadow there, he chucked the hay down and then picked it up lower down and took it home. Do you see up there? My father put his twine up there and then pulled it down to where the winch is now. He cut the *dross*[6] for firewood because there was none here in Crégua. Then he sent it down. Otherwise we had to go all the way to the bottom of *ra Fopa,*[7] where there were fir trees and the patriciate sold us one or two a year. Then we went to fetch the firewood with our panniers and brought it up here to burn; it must have been two kilometers.

S. Your memories are realistic rather than romantic; but so many people say things were better in the past. What was the poverty and hard work like during those years?

60

60 G umello, 2014

il fieno. Si portava dietro il papà paralizzato trascinandolo dalle ascelle su per il sentiero e lo metteva sopra un fascio di rami d'abete. Alla sera lo trascinava nella stalla e lo faceva dormire nel fieno. E mi ricordo la mia nonna: mi dava una ciotola di legno con due cucchiai di minestra e mi diceva: "Vai a dargli da mangiare". Io andavo a dargli da mangiare, ma non apriva più la bocca. Tornavo indietro e dicevo: "Nonna, non ha mangiato niente". E la nonna: "Vado poi io, vado poi io". Lei andava, aveva quasi settant'anni, penso anche per lavarlo un po'. Io avrò avuto sei o sette anni. Poi ce n'era uno che gli era morta la moglie... è rimasto con otto figli... e la mattina se li prendeva alle 3 o alle 4, quando andava a falciare il fieno, per non lasciarli a casa, magari a bisticciare tutti e otto. Lasciava solo le figlie più grandi che dovevano andare a prendere l'acqua, perché l'acqua si portava dal pozzo. Non c'era in casa. E poi c'era l'altra, che le era morta la cognata ed era rimasta coi tre figli piccolini del fratello. E anche lì: c'era chi gli prendeva le bestie e le portava al pascolo, chi aiutava la sera... perché il fratello era rimasto vedovo e lei non era sposata. Avevano la casa, le bestie... e questi tre bambini... e tutti davamo una mano, chi in una maniera, chi in un'altra, chi in un'altra... anche noi che eravamo bambini. Noi non abbiamo mai giocato... mai. Si doveva dare una mano.

S. Si pativa la fame?

E. Dico sempre ai miei nipoti che non potevamo dire alla mamma "Non mi piace". Ci dava la ciotola di legno e dovevamo sederci all'esterno, sulla scalinata, perché non c'era il tavolo o la sedia... uscivamo fuori e ci mettevamo a mangiare. Oppure dentro, dove c'erano le due panchine vicino al fuoco in un angolo. C'era sempre minestra di sera, con una patata bollita e un pezzetto di *crénga*[8]. Ma io non posso dire di aver patito la fame, questo mai.

Il mio papà, quando non c'era niente da mangiare, se ne andava in Giumello a prendere il camoscio. Di notte, logico. Partiva magari la sera alle 10 con la pila[9], andava fin là, e prendeva il suo camoscio, perché a quei tempi non c'erano cervi o caprioli o stambecchi: c'erano camosci e marmotte. Così prendeva il suo camoscio e tornava a casa tranquillo; non c'erano i controlli come adesso.

A. Sì... il guardiacaccia c'era, ma... pro forma...

E. Alla mattina, per non farsi vedere dagli altri, lo appendeva nella stalla del fieno e cominciava col coltello partendo dalle zampe... e così anch'io a sette anni spellavo il camoscio. E intanto lui andava a falciare il fieno, così la gente lo vedeva falciare. Aveva fatto di notte su e giù da Giumello e poi andava a falciare. E alle undici o mezzogiorno smetteva, veniva a casa a mangiare e andava a dormire fino alle quattro, quando, secondo il tempo, andava a prendere il fieno secco. Oppure raccoglieva le patate o batteva la segale.

S. E a un certo punto questo stile di vita è cambiato.

E. È cambiato perché i giovani se ne andavano. Come noi per esempio. Io avrei voluto studiare, ma il mio papà mi ha detto subito: "Sei donna, e quindi se sei donna...". In seconda maggiore[10] mi ha tolto dalla scuola, e non mi ha lasciato fare la terza. Era il 1953. Lui intanto aveva trovato lavoro come manovale presso l'impresa Casagrande di Biasca, e così guadagnava qualche franco.

S. Così suo padre ha smesso di fare il contadino ed è diventato un operaio.

E. Sì, ma aveva ancora le pecore. Le mucche le aveva vendute perché la mamma era un po' cagionevole di salute e non ce la faceva più. Mi ha tolto dalla scuola e mi ha messa qua a Crégua a curare le pecore. Tutti i giorni andavo fin là sopra a Trusvald, a Pro d'Cüm, per cercare le pecore; perché se facevano l'agnello dovevo portarle a casa, se no la volpe se lo mangiava. Nel frattempo dovevo anche portare la legna. Insomma, erano perlopiù le donne che facevano le contadine, se proprio vuole che glielo dica. Che curavano le bestie erano le donne, che mungevano il latte erano le donne. Gli uomini invece tagliavano il fieno, tagliavano l'erba, tagliavano la legna, facevano i lavori pesanti.

E. There was so much, so much... There were only two brothers and their father at Casina di Dandrio. But the father was old and could no longer walk. There were no care homes like there are now. One of the two sons went up to the slopes: Pian da Pèna, Giumello, with the animals; and made socks and pullovers. The other son stayed in Casina di Dandrio and mowed the hay. He dragged his paralyzed father along the path by his armpits and laid him on top of a bundle of oak branches. In the evening he dragged him to the stable to sleep on the hay. I remember my grandmother giving me a wooden bowl with a couple of spoonsful of soup and telling me to: "Go and give him something to eat." I went to give him something to eat, but he couldn't open his mouth any more. I would go back and say: "Granny, he hasn't eaten anything". And my grandmother would say: "I'll go later, I'll go later." She went along, she was almost seventy, I think she gave him a bit of a wash. I would have been six or seven. Then there was a man whose wife had died... he was left with eight children... and he took them with him in the morning at three or four o'clock, when he went to mow the hay, so as not to leave them at home, maybe all eight of them squabbling. He left only his eldest daughters behind; they had to go and get the water, because water had to be carried from the well. There wasn't any in the houses. Then there was a woman, whose sister-in-law had died and left her with her brother's three small children. There again: someone took the animals out to pasture, others helped in the evening... because the brother had been widowed and she wasn't married. They had a house, the animals... and these three children... and we all lent a hand, some did one thing, some another... even we children. We never played... We always had to lend a helping hand.

S. Were people hungry?

E. I always tell my grandchildren that we couldn't say: "I don't like it" to our mother. We were each given our wooden bowl and had to sit on the steps because there was no table or chair... we went outside and started to eat. Or inside, where there were two small benches in a corner near the fire. We always had soup in the evening, with a boiled potato and a piece of *crénga*[8]. But I can't say I went hungry, ever. When there was nothing to eat, my father went to Giumello to find a chamois. At night, obviously. He went off in the evening at around ten with his *pila*[9], he went all the way there and bagged his chamois, because there were no deer or roe or ibex in those days, there were chamois and marmots. So he got his chamois and brought it quietly home; there was no monitoring the way there is these days.

A. Yes... there was a gamekeeper, but... pro forma...

E. In the morning, so the others didn't see him, he hung it in the hayloft and got out his knife, working from the hooves upwards... so I knew how to skin a chamois at the age of seven. Then he went off to mow the hay, so people could see him busy mowing. At around eleven or midday he would stop, come home to eat and then went off and slept until four; then, depending on the weather, he went off to gather the dry hay. Or else he picked potatoes or beat the rye.

S. Then at a certain point this way of life changed.

E. It changed because the young people left. Like us for example. I wanted to study, but my father immediately said: "You're a woman, and so you're a woman...". In my second year in high school[10] he took me out of school and wouldn't let me go into third year. It was 1953. He, meanwhile, had found work as a laborer at Casagrande in Biasca, so was earning a few francs.

S. So your father stopped being a peasant and became a workman.

E. Yes, but he still had the sheep. They'd sold the cows because my mother's health wasn't good and she couldn't cope any more. He took me out of school and brought me here to Crégua to look after the sheep. Every day I went right up to Trusvald,

S. Quando è cambiata la società? Quando sono cominciati i lavori nelle industrie e negli uffici?

E. La situazione è cambiata intorno al '55. I lavori giù in valle li facevano i ragazzi e le ragazze, che prendevano qualche soldo da portare a casa. Così, quando ho compiuto quindici anni, i miei genitori hanno trovato un piccolo lavoro anche per me, non in valle ma a Bellinzona alla caserma dei militari, nella Soldatenstube[11]. Lì ora c'è la Banca dello Stato. Dietro la caserma c'era un piccolo locale dove venivano i militari a bere un caffè o un'Ovomaltina[12], o a mangiare una fetta di torta.

S. Questi cambiamenti sociali hanno svuotato le montagne.

E. Sì, perché i giovani più o meno della mia età, dai sedici ai diciotto anni, se ne sono andati tutti lì. Nel '55–56 cominciavano le fabbriche, come la camiceria Fehlmann. Si prendevano 50 o 60 centesimi all'ora, ed era tanto rispetto a quello che pagava la vita di contadino, che pagava poco o niente. Mi viene ora in mente un altro aneddoto. Una volta, avrò avuto forse dieci o dodici anni, sarà stato nel '52 o nel '53, più o meno in settembre, dovevo vendere un maiale. Allora con in mano un bastone per guidare il maiale andai a piedi da qui a Malvaglia, e da Malvaglia a Lottigna per venderlo alla fiera. Ma il maiale non fu venduto. E allora giù di nuovo a piedi da Lottigna a Malvaglia. Così, il giorno dopo, da Malvaglia andai a piedi a Biasca, dove c'era la fiera, sempre per vendere questo benedetto maiale. E il maiale fu venduto, per fortuna[13]. Forse a 40 o a 50 franchi, non lo so, a quei tempi era quel che si prendeva per un maiale sui 50, 60, 70 chili. Era fine stagione e questo maiale era adulto. Per prendere quei soldi si facevano a piedi questi lunghi tragitti; non c'era bisogno della palestra.

S. Possiamo parlare ancora dei luoghi fisici? Com'era fatto un alpeggio, come funzionava, com'era costruito? Cosa succedeva nelle diverse cascine, come funzionava la comunità? Avevate per caso degli strumenti musicali?

E. L'organino a bocca, ce n'è ancora uno lì dentro. C'era un signore che suonava la fisarmonica...

S. C'era un sindaco, cioè un capo dell'alpeggio?

E. No, c'era la comunità in generale, non c'era un capo. A quei tempi c'era la giornata dei sentieri, che erano ovunque, oppure la giornata delle *ciuèn* che a primavera dovevano essere rifatte o ripristinate, se erano cascate. Era obbligatorio andarci perché queste cose servivano a tutti. E poi quando bisognava tagliare un albero per rifare il colmo di una cascina o per aggiustarla, il tronco veniva tagliato da più persone alla fine di giugno, quando il sugo del larice arrivava alla cima. Il mio papà mi insegnava che l'albero andava tagliato, sramato e lasciato nel bosco; per il trasporto bisognava aspettare la prima nevicata, per farlo scivolare giù sulla neve. Due o tre persone lo facevano scivolare sulla neve con questo arnese, il *sapín*. E poi sul fiume; per gli alberi tagliati dalle parti della *Bola*[14] si usava il *rampal*: un arnese di ferro con la punta come un rampino e il manico lungo 3 o 4 metri che serviva a smuovere i tronchi che magari si erano fermati contro un sasso.

M. Ma c'era più acqua nei riali...

A. Sì, non c'erano allora le captazioni delle dighe. In primavera c'era più flusso.

S. Le cascine quindi erano soltanto posti dove si andava a dormire, e dove tenere il cibo per farlo essicare o maturare. Ma c'era anche una cucina, giusto?

E. Sì, ora le spiego: questa dove siamo noi qui è una cascina. Sotto ci stavano le mucche, sopra c'eravamo noi. L'entrata è sempre la stessa; accanto all'entrata c'era la catasta di legna, *ra créna* in dialetto, delimitata da due piantane, una di qui e una di là. Dentro c'era una panca di legno lunga più o meno un metro e mezzo; e poi c'era il fuoco, ma senza camino, per cui il fumo usciva direttamente tra le piode[15]. Poi c'era un'altra panca, con dietro un asse appoggiato a dei piccoli tronchi e due secchi per l'acqua. C'era una piccolissima credenza, che è finita al Ballenberg[16]; dall'altra parte, contro il muro, c'erano una o due file di assi usate come scansie. Sotto c'erano i paioli di rame per il latte

at Pro d'Cüm, to look for the sheep, because if they were lambing the wolf would get them. Meanwhile, I had to gather the wood. Basically it was mostly the women who were the peasants, to tell the truth. It was the women who looked after the animals, the women who did the milking. The men cut the hay, cut the grass, cut the wood, did the heavy work.

S. When did society begin to change? When did people start working in industries and in offices?

E. The situation changed in around 1955. The boys and girls were already working down in the valley, earning a few bucks to take home. So, when I was fifteen, my parents found me a little job too, not in the valley but in Bellinzona, at the military barracks, in the *Soldatenstube*[11]. The Banca dello Stato's there now. There was a little café behind the barracks where the soldiers came for coffee or *Ovomaltina*[12], or for a piece of cake.

S. These social changes swept the mountains bare.

E. Yes, because young people of around my age, sixteen, seventeen, eighteen, all left. The factories started up in 1955–56, like the Fehlmann shirt factory. They got 50–60 centimes an hour, a lot, compared with what life as a peasant brought in, which paid little or nothing. Now I remember another anecdote. When I was about 10–12, in about 1952–53, around September, I had to sell a pig. So I walked down from here with a stick in my hand to drive the pig, to Malvaglia and from Malvaglia to Lottigna to sell it at the fair, but the pig didn't sell. So the next day I walked from Malvaglia to Biasca, where there was a fair, to sell the darned pig. Fortunately the pig sold[13]. Probably for around forty or fifty francs, I don't know; in those days, that's what a pig weighing around fifty, sixty, seventy kilos was worth. It was the end of the season and this was an adult pig. We had to make these long journeys on foot to earn that money; we didn't need gyms.

S. Can we talk more about the physical places? What were the mountain pastures like, how did they work, how were they built? What happened in the various farmhouses, how did the community work? Did you have musical instruments by any chance?

E. We had mouth organs, there's still one in there. There was a man who played the accordion...

S. Was there a mayor, a mountain chief?

E. No, there was the community as a whole, there was no chief. In those days we observed the Giornata dei Sentieri [day on which paths were repaired and maintained] all over the place, and the Giornata delle *Ciuèn* in the Spring [day on which the stone enclosures were repaired and maintained], which had to be rebuilt or fixed, if they had fallen down in the spring. Everybody had to do their bit because these things were for the benefit of us all. Then when a tree needed to be cut down to shore up a farmhouse or repair it, the trunk was cut by several people at the end of June, when the sap got right to the top of the larch. My father taught me that the tree should be cut, debranched and left in the wood; then they had to wait for the first snow, to slide it down on the snow using a special contraption called *sapín*. Then they took it downriver, along with trees cut down around the *Bola*[14], using a *rampál*: an iron contraption with a point like a hook and a handle three or four meters long, which was used to poke out any tree trunks that might have got stuck behind a stone.

M. But there was more water in the streams...

A. Yes, the water wasn't captured by dams in those days. They flowed powerfully in the Spring.

S. So the farmhouses were just places where people went to sleep, or keep food to dry out or mature. But didn't they also have kitchens?

E. Yes, let me explain. This building is a farmhouse. The cattle were down below, we were above. The entrance is the same; next to the entrance there was the woodpile,

dove si facevano anche cuocere le patate, e sopra i sacchetti, il deposito del mangiare, riso, pasta o polenta. Poi là nell'angolo in fondo c'era il letto dove dormivano il papà e la mamma, e dalla parte di qui c'era il ripostiglio del fieno. Questa era la nostra abitazione.

M. I bambini dove dormivano?

E. Noi bambini dormivamo dall'altra parte, nella cascina riattata che ora è di mia sorella. Al piano terra, dove lei adesso ha la doccia, c'era la casa del maiale, *ul camán dru porch*. Sotto nel cantinino c'erano le patate, contro il muro la formagella, e appese a un tronco le conche del latte; sopra invece dormivamo noi e la nonna. Dietro stavano le galline, perché lì c'è ancora un ripostiglio. Vedete là, fra un tronco e l'altro di quella parete? È sterco di mucca. Lo prendevano fresco e lo premevano contro le fessure, per gli spifferi.

S. Ma su a Giumello era diverso...

E. Su la cascina era piccolina... c'era il fuoco e non c'era come adesso il lavandino... non c'era quasi niente. C'era uno spazio unico.

A. Io giravo in ginocchio, non potevo starci in piedi.

E. Ma io ci passavo! In Giumello le hanno fatte così piccole e basse per le valanghe invernali.

S. Pregavate? All'alpeggio c'era un'ora della preghiera, una cappella?

A. Ognuno faceva a casa sua, per conto proprio. Sull'alpe di Ciou c'era la croce, e passava il prete a benedire gli alpeggi... E la mamma teneva un pezzetto di burro o la formagella per farne una donazione. Io a quell'epoca credevo ancora... adesso non credo più a niente.

M. E a Giumello quanto ci stavate?

E. Circa tre settimane. Si andava via da qui verso l'8 di luglio e si saliva alla Casina di Dandrio, e lì si restava per il mese di luglio. Poi nel mese di agosto si andava prima a Pian da Pèna e poi in Giumello. Dopo Giumello si faceva il percorso inverso e a settembre si era a casa.

S. Perché tutti questi spostamenti? Per inseguire i pascoli con l'erba fresca?

E. In realtà i pascoli avrebbero continuato a dare erba, ma bisognava lasciarli riposare. Non c'eravamo mica solo noi qui; cinque o sei mucche là, cinque o sei mucche qui, cinque o sei mucche lì.

M. A Giumello, durante quelle tre settimane, restava tutta la famiglia e il papà faceva avanti e indietro...?

E. No. In Giumello rimaneva la mamma con i figli, mentre il papà era qui a Crégua. Falciava il fieno qui e anche a Malvaglia. Perché a Malvaglia si faceva il primo, il secondo e il terzo fieno e qui si faceva il primo ed eventualmente il secondo , se l'anno era buono[17].

S. E i formaggi li facevate in alto?

E. Sì, i formaggi sì. Si facevano con la famosa *jigögna*[18], il supporto della *caldera*[19]. Facevano la *crénga*! Formagella, in italiano. Nel dialetto di Malvaglia, *fragüi*.

A. Nel dialetto di Dandrio, non di Malvaglia.

E. Sì perché noi qui abbiamo dei nomi, loro ne hanno altri, anche se sono di Malvaglia. Nella stessa Malvaglia c'erano delle differenze: Malvaglia Rongie e Malvaglia Chiesa – un paese, ma in realtà due mondi... La mia famiglia era di Malvaglia Chiesa e quando mi sono fidanzata con lui mi dicevano: "L'è dai roch? Lasal tumbè!"[20].

M. E Giumello, durante quelle tre settimane, sarà stato affollato. Le cascine erano una trentina.

E. Sì, era popolato, c'era gente. In ogni cascina ci sarà stata la moglie e due fratelli o sorelle, e quindi una novantina di persone in tutto. C'era movimento.

M. Che cosa veniva lasciato nelle cascine quando si partiva, niente?

E. No, perché con la transumanza ti portavi sempre quelle due padelle, quelle due ciotole che adoperavi, la *caldera* del latte e il resto. La *jigögna*, quella era l'unica cosa che lasciavamo. Certi utensili erano segnati con la *marca*[21]. Ogni famiglia aveva la sua.

S. E c'era già qualche tipo di turismo nella valle?

E. No! Qui non esisteva niente. Quale turismo?

ra créna in dialect, with an upright on either side, one here and one there. Inside there was a wooden bench around a meter and a half long; then there was the fire, but no fireplace, so the smoke went straight out between the *piode*[15]. Then there was another bench, with a board resting on small logs and two water buckets. There was a very small sideboard, which ended up in Ballenberg[16]; on the other side, against the wall, there were one or two rows of boards used as shelves. Underneath there were the copper milk pans, also used to cook the potatoes and, above the sacks, the food store, rice, pasta and polenta. Then, in the far corner was the bed my mother and father slept in, and on this side the hay store. This was our home.

M. Where did the children sleep?

E. We children slept on the other side, in the restored farmhouse that now belongs to my sister. On the ground floor, where she's put the shower, the pigs lived, *ul camán dru porch*. The potatoes were kept under the cellar, the Formagella was against the wall, and the basins for the milk hung from a tree trunk; we slept upstairs along with our grandmother. The hens were behind, because there's still a storeroom there. Do you see over there between the logs on that wall? That's cow dung. They used it when it was fresh and pressed it into the cracks, to get rid of the drafts.

S. But it was different up at Giumello…

E. The farmhouse up there was on the small side… we had a fire and there was no sink in those days… there was hardly anything. It just one single space.

A. I had to go round on my knees, I couldn't stand up.

E. But I could! They built them so small and low at Giumello because of the winter avalanches.

S. Did you pray? Was there an hour for prayer, a chapel on the alp?

A. Everyone did it at home, by themselves. There was a cross on the Ciou Alp, and the priest used to come by and bless the pastures… My mother kept a piece of butter or Formagella as an offering. At that time I still believed… I don't believe in anything anymore.

M. How long did you stay in Giumello?

E. About three weeks. We left here around the eighth of July and went up to the Casina di Dandrio; we stayed there for the month of July. Then in August we went first to Pian da Pèna and then to Giumello. After Giumello we did it in reverse and were back home in September.

S. Why did you move around so much? To reach pastures with fresh grass?

E. In actual fact the pastures would have gone on producing grass, but they had to be left to rest. It wasn't just us here, you know; five or six cows here, five or six cows there.

M. During those three weeks, did the whole family stay in Giumello, and your father go backwards and forwards..?

E. No. His wife and children stayed in Giumello while our father was here in Crégua. He mowed the hay here and at Malvaglia. In Malvaglia the hay was mown once, twice, three times and here it was mown once or possibly twice, in a good year[17].

S. Did you make the cheese when you were higher up?

E. Yes, we did make the cheese. We used the famous *jigögna*[18], the support for the *caldera*[19]. They were used for the *crénga*! Formagella, in Italian. In the Malvaglia dialect: *fragüi*.

A. In the Dandrio dialect, not Malvaglia.

E. Yes, because we have our names here, they have their own, even when they come from Malvaglia. In Malvaglia itself there were differences: Malvaglia Rongie and Malvaglia Chiesa: one village, but really two completely different worlds… My family was from Malvaglia Chiesa and when I got engaged to him they said: "*L'è dai roch? Lasal tumbè*!"[20]

M. Giumello must have been packed during those three weeks. There were thirty or so farmhouses.

S. Cosa è rimasto dei sentieri di una volta?

E. È un bel problema; tante volte sono ancora sulle carte ma non ci sono più nella realtà; i turisti si perdono e vanno soccorsi. Augusto ne ha salvati due che invece di scendere per arrivare a Dandrio salivano là dietro dove ci sono solo massi che se cadi vai diritto al fiume. Altre domande?

M. Come si svolgeva una giornata tipica a Giumello? Cosa facevate dalla mattina alla sera?

E. Le mamme dovevano procurarsi la legna da bruciare sotto Giumello, lavare la biancheria al ruscello con la lisciva e la spazzola, mungere, fare il burro e la *crénga*. La biancheria si stendeva sui tetti delle cascine con dei massi sopra, se no il vento la portava via. C'erano muli e asini che correvano in giro... ci si alzava molto presto. Ma si andava anche a dormire presto, verso le otto, otto e mezza...

M. Mi impressiona il fatto che non stiamo parlando di chissà quanti anni fa... Giumello un tempo era una vera e propria comunità. Le sue trenta cascine sono state abbandonate una dopo l'altra nel giro di pochi anni. Poi non ci è andato più nessuno?

E. Quando è arrivata la nostra generazione non ci andava già più nessuno. La mia generazione ci andava quando eravamo bambini. Ma dal '55 non c'è andato più quasi nessuno.

E. Yes, it was packed, there were lots of people. In every farmhouse there would have been a wife and two brothers or sisters, so ninety or so in all. It was busy.

M. What did you leave behind in the farmhouses when you went off, nothing?

E. No, because of the transhumance you always took with you the two pans, the two bowls you needed, the *caldera* for the milk and the rest. The *jigögna* was the only thing we left behind. Some of the utensils carried our *marca*[21]. Each family had its own.

S. Was there any sort of tourism in the valley?

E. No! There was nothing here. What tourism?

S. What remains of those old paths?

E. That's quite a problem; often they still appear on maps but they're not actually there; tourists get lost and have to be rescued. Augusto rescued two, who instead of going down towards Dandrio, were climbing behind there where there's nothing but stone boulders and if you fall you end up right in the river. Any other questions?

M. What was a typical day at Giumello? What did you do from morning until night?

E. The mothers had to go and look for firewood below Giumello, do the washing in the stream using lye and a brush, do the milking, make the butter and the *crénga*.
The washing was hung from the roofs of the farmhouses with stones to hold it down so the wind didn't blow it away. There were mules and donkeys running around...
we got up very early. But we also went to bed early, around eight, half past eight...

M. What strikes me is the fact that we're not talking about goodness knows how many years ago… Giumello was once a proper community. Its thirty farmhouses were abandoned one after the other within just the space of a few years. Has anybody gone there since?

E. When it came to our generation, nobody was going there. My generation went when we were children, but hardly anybody has been there since 1955.

Note:

1 Cfr. il testo di Sebastiano Brandolini in questo volume.
2 Gerla.
3 Il "raggruppamento dei terreni" è stato un processo di riassetto della struttura fondiaria con lo scopo di accorpare in particelle di dimensioni maggiori proprietà fondiarie caratterizzate da estrema frammentazione.
4 Come è giusto che sia.
5 Insieme delle famiglie originarie di un determinato luogo che possiedono e gestiscono collettivamente porzioni di territorio. Il termine "patriziato" può riferirsi alle proprietà stesse.
6 Ontano nano.
7 Alpe di Foppa.
8 Formaggio a pasta morbida di dimensioni medie.
9 Torcia elettrica.
10 Ci si riferisce all'ordine scolastico precedente all'istituzione della Scuola Media negli anni settanta.
11 Locale in cui i soldati della vicina caserma potevano acquistare e consumare bibite, alimenti, sigarette ecc.
12 Tipica bevanda svizzera a base di malto di orzo
13 Il percorso descritto (Crégua – Malvaglia – Lottigna–Malvaglia – Biasca) è lungo circa 32 chilometri, per 1900 metri di dislivello in discesa e 1000 in salita.
14 Alpe della Bolla.
15 Lastre di pietra usate per la copertura dei tetti.
16 Museo dell'edilizia rurale svizzera all'aperto.
17 A Malvaglia i prati venivano falciati tre volte, in montagna soltanto una o due, nelle annate migliori.
18 Supporto basculante in legno a cui veniva appeso il calderone per scaldare il latte.
19 Calderone in rame.
20 È di Malvaglia Ronge, lascialo perdere!
21 Successione di simboli che contraddistingueva ciascuna famiglia.

Notes:

1 Cf. Sebastiano Brandolini's text in this book.
2 Gerla.
3 The "regrouping of land" was a land structure reorganization process geared to grouping together extremely fragmented plots of land into larger parcels.
4 As is only right.
5 A group of original families in a particular place who own and manage parcels of land collectively. The word "patriciate" can also refer to the properties themselves.
6 Black alder.
7 Foppa Alp.
8 A medium-sized soft cheese.
9 Electric torch.
10. Scuola Maggiore: education system replaced in the 1970s by the Scuola Media.
11 A club where soldiers from the local barracks could buy and consume drinks, food, cigarettes etc.
12 Typical Swiss barley malt drink.
13 This uneven route (Crégua – Malvaglia – Lottigna – Malvaglia – Biasca) is some 32 kilometers long, with a 1900 meter drop and a 1000 meter rise.
14 Bolla Alp.
15 Stone tiles used on roofs.
16 Swiss open-air museum of rural life.
17 The meadows were mown three times in Malvaglia, only once or twice up on the mountain, in better years.
18 A tilting wooden bracket on which the cauldron was hung while the milk was being warmed.
19 A copper cauldron.
20 He's from Malvaglia Ronge, drop him!.
21 A series of symbols that marked out each individual family.

Abbandono nella grande Milano

di
Sebastiano Brandolini

fotografie
Luca Casonato

Abandonment in greater Milan

by
Sebastiano Brandolini

photographs
Luca Casonato

Lungo la strada da Chiasso a Genova, passando per Milano, si notano molteplici abbandoni a scandire il percorso. Sono segni di un cambiamento progressivo: nell'economia, nello stile di vita, nell'occupazione dello spazio. Si va dalle grandi industrie a nord di Milano, come la Falck a Sesto San Giovanni, ai terreni del Parco Agricolo Sud o del Parco del Ticino, dalla Cascina di Rivalta Scrivia alle grandi aree militari, per arrivare fino ai paesi (a pochi chilometri dall'autostrada Milano-Genova) ormai assediati dalla foresta decidua che sta silenziosamente riprendendosi gli Appennini.
È una storia sola o sono tante storie? Invece di preoccuparci e interpretare questi abbandoni come segnali di una qualche crisi, forse dovremmo accettare il fatto che si tratta di trasformazioni associate da un comune destino: la vittoria della metropoli sul resto. Secondo una logica diversa, questi abbandoni potrebbero essere visti anche come fenomeni interni alla metropoli di Milano, perché i suoi confini economici vanno ben oltre quelli fisici. I 200 chilometri circa che separano Chiasso da Genova sono costellati di ruderi, oggetti che non servono più e che conviene abbandonare piuttosto che metterci mano: campi troppo piccoli perché valga la pena coltivarli, cascine isolate i cui muri intrisi d'acqua non possono essere scaldati, fabbriche i cui costi di produzione sono troppo alti, paesi dove il numero di residenti è sceso sotto la soglia di sicurezza e la cui età media è ormai prossima agli ottanta.
Ciascuno di questi abbandoni è la scena di una *pièce* sociale la cui geografia è vasta; per comodità, possiamo chiamare questa *pièce* "modernità", visto che le idee di progresso e di trasformazione procedono di pari passo e necessitano l'una dell'altra. Questa modernità, forse, è partita con la crisi petrolifera del 1973, per poi continuare con: le dismissioni industriali degli anni ottanta, la fine delle divisioni contrapposte delle classi sociali e politiche, l'arrivo in ogni ambito dell'informatizzazione digitale, l'affacciarsi delle nuove potenze economiche asiatiche, la vittoria dei *suburbia* di matrice anglosassone. Come poteva, la città monocentrica e industriale, resistere a questi ripetuti shock che investono tutte le pieghe e gli angoli del nostro pianeta? Le metropoli senza confini e a bassa densità, fatte di abbandoni generalizzati, di grandi infrastrutture, di funzioni indeterminate e di una totale assenza di strategia, per non parlare di disegno, sono spesso considerate espressioni che conseguono un sistema economico globale, de-regolato, rapido ed efficiente. Secondo il geografo Eugenio Turri, l'area metropolitana di Milano fa parte di una metropoli ancora più vasta, che occupa tutto il nord Italia. È come se, ogniqualvolta il nostro sguardo cade su uno degli oggetti abbandonati che scandiscono il nostro percorso, dobbiamo compiere un'acrobazia mentale: per capire "il caso singolo" dobbiamo considerare "la grande scala"– l'agricoltura, l'industria, le giovani generazioni, le migrazioni, i cambiamenti climatici, l'Europa a 26. Da anni la popolazione dell'Italia settentrionale rimane quasi invariata, ma intanto il suo territorio è stato stravolto.
L'abbandono, con le sue molteplici facce, è per noi architetti nord-italiani una presenza costante, e non serve neppure cercarlo perché ci viene ripetutamente sbattuto davanti agli occhi. L'abbandono è divenuto strutturale, come una quota di disoccupazione, qualche piccolo debito, un malato in famiglia, qualche grana con la giustizia. In ogni paese o città, in ogni territorio, lungo ogni via ci sono infiniti segnali di pre-abbandono: cose che nel giro di qualche anno potrebbero scivolare in quel profondo baratro da cui poi non è più possibile uscire. Il prezzo a cui si mettono in vendita case, appartamenti e capannoni nelle centinaia di cittadine e paesi che si trovano nel peraltro ricco territorio fra Milano e Genova è significativamente inferiore rispetto a quello che sarebbe il loro costo di ristrutturazione; spesso conviene abbandonare una proprietà immobiliare al proprio destino di rudere piuttosto che investire regolarmente qualche soldo per tenerla, più o meno artificialmente, in vita. (Ma è difficile, per chiunque, trovare il coraggio di abbandonare una casa che presumibilmente conserva bei ricordi

The road from Chiasso to Genoa, by way of Milan, is punctuated by a multitude of abandonments. They are the markers of progressive change: in the economy, in lifestyles and in the occupation of space. The road runs past the great industries north of Milan, such as the former Falck site at Sesto San Giovanni, the land belonging to the Parco Agricolo Sud and the Parco del Ticino, to the Rivalta Scrivia farmhouse and the great military areas, before it gets to the villages —just a few kilometers from the Milan–Genoa freeway— now under siege from the deciduous forest silently reappropriating the Apennines.
A single story, or many different ones? Rather than giving into alarm and interpreting these abandonments as signs of a crisis of some sort, we should perhaps accept the fact that these changes all come under the heading of a common destiny, the victory of the metropolis over the rest. Another way of looking at it is that these abandonments could also be seen as phenomena occurring within the city of Milan itself, because its economic boundaries far exceed its physical ones. The approximately 200 kilometers separating Chiasso from Genoa are peppered with ruins, objects that no longer serve any purpose and are better abandoned than improved. There are fields too small to be worth cultivating, isolated farmhouses with sodden walls that can never be warmed up, factories whose production costs are far too high, villages where the number of residents has fallen below the safety threshold and whose average age is now close to eighty.
Each of these abandonments is the setting for a geographically extensive social drama; for the sake of convenience, let us call this drama "modernity", since the concepts of progress and transformation proceed at the same rate and are interdependent. This modernity may have been triggered by the 1973 oil crisis, and then grown further with the industrial divestitures of the Eighties, the end of the social and political class wars, the advent of widespread digital computerization, the emergence of new Asian economic powers, the victory of Anglo Saxon-style suburbia. How could a mono-centric and industrial metropolis be expected to withstand these repeated shocks, which impact upon every fold and corner of our planet? The limitless, low density metropolis, made up of generalized abandonments, large infrastructures, indeterminate purposes and a total lack of strategy, not to mention design, are often seen as the consequence of a de-regulated, fast-moving and efficient global economic system. According to the geographer Eugenio Turri, the metropolitan area of Milan is part of an even more extensive metropolis that takes up the whole of northern Italy. It is as if, every time our gaze alights on one of the abandoned objects, we have to do a series of mental acrobatics. In order to understand each "individual case" we have to look at things on a "wider scale": agriculture, industry, the up-and-coming generations, migration, climate change, 26-nation Europe. The population of northern Italy has largely remained unchanged; meanwhile its territory has been turned upside down.
Abandonment, with its many different faces, is a constant presence for us architects in northern Italy; there is no need to go out and look for it because it is repeatedly shoved in our faces. Abandonment has become structural, like the rate of unemployment, a small debt, a sick member of the family, a run-in with the justice system. In every small town and village, in every region and along every road there are infinite signs of pre-abandonment, things that in a matter of years could slide into that deep abyss from which there is no return. The asking price for homes, apartments and warehouses in the hundreds of little towns and villages in what is a rich area between Milan and Genoa, is significantly lower than the potential cost of restoration. It often makes more sense to let a property go to rack and ruin than to throw money at it on a regular basis, every year, just to keep it more or less artificially alive. —But it is hard,

personali di soltanto qualche decennio fa.) In molti luoghi si ha la netta sensazione che tutte le finestre e le persiane restino sempre chiuse, e che i tetti non siano più a tenuta. La buona viabilità e un'efficiente rete di trasporti vanno considerate complici di questa condizione di abbandono generalizzato e a macchia di leopardo. Se da un lato infatti le autostrade e le linee ferroviarie facilitano la dispersione demografica e rendono possibile vivere e lavorare in luoghi diversi (il che significa fare pendolarismo, e dedicare una parte della giornata al viaggio), dall'altro lato, e secondo la medesima logica, le stesse autostrade e linee ferroviarie rendono vana la "vecchia geografia", in cui residenza e lavoro bene o male coincidevano. Ipotizzando che mediamente ciascuno di noi sia disposto a dedicare un'ora del suo tempo per spostarsi da casa al lavoro, e ipotizzando un dimezzamento dei tempi di percorrenza per chilometro, ne consegue che molti saranno disposti a coprire distanze più lunghe per raggiungere il luogo dove lavorano (o dove abitano). Nei fatti, ciò aumenta la probabilità che si cambino luoghi o di residenza o di lavoro, e che inizi così il ciclo progressivo che potrebbe portare all'abbandono totale dei luoghi. Mentre nei periodi di benessere economico prevale la logica secondo cui si cerca e si trova lavoro nei pressi del luogo dove si abita, nei periodi di crisi (come negli ultimi dieci anni) si cerca e si trova casa nei pressi del luogo dove si trova lavoro. Il che significa abbandonare la propria casa precedente.

Per tanti anni (indicativamente, dagli anni cinquanta alla fine del secolo scorso) ci siamo abituati a pensare che l'architettura e la costruzione dipendessero dal progresso, dalla crescita, dallo sviluppo e dalla novità: nei luoghi dove arrivava denaro, dove cresceva la popolazione e si realizzavano nuove infrastrutture, era lì che succedevano cose e che c'era qualcosa da raccontare e da vedere. Altrove non potevano esserci né idee né architettura. Eppure, una mappa odierna dell'Europa che rappresentasse le zone di "crescita" (la costruzione) e di "decrescita" (l'abbandono) non rispecchierebbe più in modo fedele lo stato di salute dell'architettura.

Nel nostro mondo pieno di abbandono, in realtà non esiste la "quiete", perché la quiete è diventata inganno, illusione. L'abbandono incessante non è certo uno stato di quiete. Il nostro mondo costruito pare, sotto questa luce, non conoscere requie: la crescita progressiva delle aree metropolitane, le tante zone industriali che non producono più, le fattorie che si direbbero ormai scomparse, le infrastrutture che non bastano mai, l'abbandono di ampie zone montuose o collinari, la pervasività delle nuove forme di turismo, i cambiamenti climatici che tutti ormai sentiamo sulla nostra pelle. Nessun punto, neppure il più sfortunato e inaccessibile dell'Europa, può considerarsi esente da questi fenomeni, che coinvolgono l'intera la società nel suo insieme.

Tutto ciò, penso, va ricondotto all'identità profonda della contemporaneità che stiamo vivendo. Il sociologo catalano Manuel Castells ne ha parlato profusamente nei suoi quattro volumi "classici" *La nascita della società in rete*, *Il potere delle identità*, *Volgere di millennio*, *Comunicazione e Potere*. L'abbandono va considerato come un aspetto cruciale del nostro modo di concettualizzare e vivere il mondo e le metropoli; l'abbandono, lungi dall'essere l'opposto della crescita e del progresso, ne è invece parte costituente, e forse anche il motore.

Se nelle città con una popolazione compresa tra i 50 e i 100'000 abitanti il senso di abbandono viene compensato dalla presenza degli alberghi, dei ristoranti, della stazione ferroviaria, dell'ospedale, dei negozi e dei turisti, nei paesi con una popolazione tra i 5 e i 10'000 abitanti il senso di vuoto può farsi assillante. Può addirittura diventare difficile distinguere tra "vuoto" e "abbandono". Una casa che si spolvera soltanto due volte l'anno, è in vendita da cinque, ha i serramenti e le grondaie traballanti, dove nessuno dorme più da dieci anni, in un quartiere dove i palazzi vicini versano in simili condizioni, come la dovremmo classificare? Se da un lato dobbiamo riconoscere ai figli

for anyone, to find the courage to abandon a house, to which presumably happy personal memories from only a few decades ago are attached —. In many places there is a powerful sense that all the windows and shutters remain permanently closed, and that the roofs are no longer sound.

Good road and transport networks have also been complicit in creating this generalized, patchwork abandonment situation. While on one hand the freeways and railway lines facilitate demographic dispersion and make it possible to live and work in different places —which means commuting, and spending part of one's day travelling—, on the other hand and according to the same logic, it is these freeways and railway lines that compromise the "old geography," where home and work coincided, for better or for worse. Assuming that on average each of us would be prepared to spend an hour getting from home to work, and assuming travelling times per kilometer were halved, it follows that many people would be prepared to travel more kilometers to get to their place of work, or the place where they live. In fact, this would increase the probability of moving house or work, and thus would trigger a progressive cycle that would lead to the total abandonment of the places concerned. During periods of high economic welfare, people look for and find work close to where they live, during periods of crisis —such as the last ten years— people look for and find homes near their place of work, which means abandoning their previous property.

For many years —roughly from the 1950s to the 2000s— we got into the habit of thinking that architecture and construction were dependent on progress, growth, development and innovation. It was in the places where money was coming in, where the population grew and new infrastructures were being built, that things happened and there was something to talk about and look at. In other places, there could be no ideas, no architecture. Yet, a map of present-day Europe showing areas of "growth" —construction— and "degrowth" —abandonment— would no longer reflect a true picture of the state of health of architecture.

In a world full of abandonment, "peace" does not really exist, because peace has become a trick, an illusion. Continual abandonment is certainly not a peaceful state of affairs. From this perspective, there appears to be no respite for our built environment. The steady growth of metropolitan areas, the many now fallow industrial areas, the farms that could be said to have practically disappeared, the infrastructures that are never quite up to speed, the abandonment of swathes of mountain and hill areas, the pervasiveness of the new forms of tourism, the climate change that affects each and one of us. Nowhere, not even the most downtrodden and inaccessible parts of Europe, can consider itself exempt from these phenomena, which affect the whole of society in the round. I believe that all this can be traced back to the profound identity of the contemporaneity we are living through. The Catalan sociologist Manuel Castells has discussed this profusely in his four classic books. *The Rise of the Network Society*, *The Power of Identity*, *End of Millennium* and *Communication Power*. Abandonment is seen as a crucial aspect of the way we conceptualize and inhabit our world and our metropolises; abandonment, far from being the opposite of growth and progress, is a constituent part of them, possibly even the driver.

While the sense of abandonment in cities with populations of between 50 and 100'000 inhabitants is made up for by the presence of hotels, restaurants, a railway station, a hospital, shops and tourists; in towns with a population of between 5'000 and 10'000 inhabitants, the feeling of emptiness can be overwhelming. It can even become hard to distinguish between "empty" and "abandoned". How is one meant to classify houses that are only dusted twice a year and have been on the market for five, with rickety windows, shutters and gutters, in which no-one has slept for over ten years and in an area where the neighboring houses are in much the same condition? If on one hand

degli ultimi residenti l'ammirevole sforzo di tenere tutto – soprattutto tetto e serramenti – in ordine, per non compromettere definitivamente il valore dell'immobile e dei relativi ricordi sentimentali, dall'altro non dobbiamo farci illusioni. Quando e come potrà questa casa essere riutilizzata? chi la vorrà, chi ci vivrà, e a chi servirà? per quale famiglia, per quale ufficio, per quale attività, per quale cittadino?
È improbabile che si riesca a recuperare o restaurare un edificio che non è stato abitato o curato per trent'anni; nel qual caso restano soltanto due possibilità, la rovina o la ricostruzione. Trent'anni corrispondono oggi a meno di una generazione, e per questo ciascuno di noi si accorge dell'esistenza dell'abbandono e, vedendolo e toccandolo, ne è in qualche modo consapevole. Ognuno di noi ricorda case, fabbriche, condomini, strade, ponti e uffici che trent'anni fa servivano e che ora non servono più a niente. Grazie all'attuale sistema economico e al fatto che mediamente viviamo tutti più a lungo, sappiamo che oggi c'è un'archeologia del presente. Forse un bel giorno qualcuno scriverà una storia della città odierna, e allora non potrà ignorare il tema dell'abbandono nelle sue molteplici espressioni. Pensare che la costruzione sia l'unico modo attraverso il quale le città odierne si evolvono non corrisponde alla realtà dei fatti. L'abbandono, la distruzione e l'oblio appartengono alla contemporaneità, e vanno compresi e discussi perché ridisegnano proprio i territori che abitiamo.

61

62

63

Industria abbandonata, La Falck a Sesto San Giovanni

Per sfatare l'idea e il preconcetto che l'abbandono sia sempre fuori e oltre i confini fisici di quella che chiamiamo città, basta scendere alla stazione ferroviaria di Sesto San Giovanni, a metà tra Milano Centrale e Monza, nel cuore di quella metropoli detta Milano. Qui, fino a una trentina di anni fa, c'erano la grande e inquinante industria, il proletariato, i sindacati, la zonizzazione, e le materie prime. La stazione ferroviaria di SSG – antropologicamente assai multietnica e certamente non capace di esprimere architettonicamente la sua collocazione centrale nel territorio – ha oggi un solo affaccio a ovest, su un vuoto dove si fermano i bus in superficie, la metro sottoterra, e dove qualunque distinzione tra piazza, strade e parcheggi è a dir poco aleatoria. Qualcuno potrebbe sostenere che l'abbandono è proprio qui, su questo lato della stazione, quello urbano.
Ma non è così, perché l'abbandono vero è sul lato opposto dei binari, quello a est, dove si trovava l'area della Falck, fino a una trentina di anni fa una delle grandi acciaierie d'Europa, oggi un terreno in parte già sbrindellato e riconvertito ad altre funzioni perlopiù commerciali, in parte ancora in procinto di bonifica, in parte semplicemente vuoto. Il colpo d'occhio di questa vuotezza, dalla stazione di SSG, è fantastico, impressionante. Com'è possibile, ci si chiede d'impulso e d'istinto, che proprio qui, a soltanto otto chilometri in linea d'aria da piazza del Duomo, nel corso dei quarant'anni ormai trascorsi dall'inizio della sua dismissione e dei vent'anni ormai passati dallo spegnimento del suo ultimo altiforno, la politica, la società e il settore immobiliare non siano riusciti a rendere visibile qualcosa di più convincente? È una domanda a cui non tenterò neppure di dare una risposta, perché in realtà non c'è nulla di cui essere esterrefatti; di aree ex industriali così grandi, così vuote, così centrali, così sporche e così complesse da pianificare l'Europa occidentale, centrale e orientale sono state – e saranno ancora nei prossimi decenni – molto ricche. Nessun paese europeo fa davvero eccezione, anche se differiscono i modi in cui ciascuno ha mantenuto, trasformato, edulcorato o nascosto i dinosauri industriali ereditati dalla propria passata rivoluzione industriale.
L'area Falck occupa oggi una superficie tra i 100 e i 150 ettari, a seconda di come la si misuri. La sua eccellente infrastrutturazione stradale e ferroviaria, paradossalmente,

61–68 Area Falck, Sesto San Giovanni

64

65

66

67

68

non ha facilitato nel corso degli ultimi trent'anni la sua pianificazione, perché ha reso possibile praticamente qualunque programma, qualunque visione, qualunque mix funzionale e qualunque grado di flessibilità. Fino ad arrivare all'ultima versione, che propone un potenziamento della funzione commerciale e la creazione di un grande parco divertimenti inserito nel verde. A ovest dell'area Falck si trova la linea ferroviaria: due binari, che sono oggi drammaticamente sottodimensionati rispetto alle necessità metropolitane e internazionali, binari che da Milano si dirigono verso Monza, Como, Lugano, il tunnel del Gottardo, Zurigo. A est c'è la Tangenziale Est, costruita quasi completamente su pilastri e complanare del fiume Lambro (ancora molto inquinato a causa dell'ininterrotta crescita demografica dei quartieri settentrionali della metropoli). A sud, il quartiere di Milano Centro. A nord, l'autostrada Torino-Venezia e il suo casello di pedaggio, oltre a grandi svincoli infrastrutturali. Un tempo, l'area Falck poteva essere semplicemente considerata l'"infernale" limite nord della città "civile", che si trovava appena più a sud. Oggi per l'area Falck, abbandonata e in procinto di essere scorticata e ripulita, pare ci sia almeno un disegno urbanistico, che, ci si augura, resisterà agli alti e bassi che l'economia dell'immobiliare ci riserverà nei prossimi anni. Ma siamo certi che quello che vediamo oggi è il suo ultimo abbandono? Potremmo in futuro, di abbandoni, vederne altri? Altrettanto drammatici e poetici? L'abbandono non è soltanto rovina, sporcizia, degrado e rimozione. Oggi, alla Falck, notiamo che anche il riordino, la bonifica, il terreno ripulito e le viste profonde sulla metropoli possono significare abbandono. Per una quindicina d'anni, dopo la chiusura dell'attività produttiva e prima che il Comune di Sesto San Giovanni superasse lo shock e cominciasse a riflettere su cosa farsene di tutta questa terra, la foresta temperata ha gradualmente cominciato a invadere e re-impossessarsi dell'area. Ricordo che in quel periodo la Falck era diventata praticamente impraticabile: era in atto una vera e propria lotta – dal sapore dark, neogotico, fantascientifico – fra città e natura, una specie di catarsi in cui la natura voleva dimostrare la sua superiorità rispetto all'industria e alla sua letale eredità d'inquinamento.
Non si capisce esattamente che cosa preveda il piano urbanistico della carcassa metallica dell'immane altoforno che ancora si staglia, monumentale e romantico, in mezzo all'area, attorno al quale tutto il resto pare danzare. Forse la carcassa verrà elevata allo status di *folie* che galleggia nel parco verde che è stato previsto. Forse il suo significato verrà ribaltato: dall'essere stato in passato sinonimo di degrado e di abbandono verrà in futuro considerato qualcosa di pregiato, memorabile e archeologico. Sappiamo che in Italia il passo che separa la rovina dal rudere, oppure l'abbandono dalla salvaguardia, è breve. Nel marketing che Sesto San Giovanni dovrà fare della propria futura immagine, un posticino verrà sicuramente riservato alla nostalgia dell'ex industria pesante. Sopravvivono, in stato precario e spesso puntellati, anche lunghi tratti dei muri di cinta della Falck, alti tre-quattro metri; neppure di questi si sa bene che ne sarà.

Cascina abbandonata, Rivalta Scrivia

Le cascine, regolarmente e geometricamente distribuite sul territorio di tutta la Pianura Padana, fino a una quarantina di anni fa apparivano come delle fortezze, ma erano anche delle ville, delle comunità sociali e delle industrie. Nonostante le loro tante diverse declinazioni architettoniche (dal cuneese al ferrarese, dal trevigiano alla Lomellina, dal mantovano al vercellese) dovute a motivi perlopiù legati alla coltivazione agricola prevalente nella zona, le ricordiamo come edifici dalle proporzioni e composizioni classiche quasi palladiane, a loro modo archetipiche espressioni di una particolare intelligenza contadina. Viaggiando oggi in auto da Milano verso Venezia,

we have to admire the efforts of the children of the last residents to keep everything —especially the roof, windows and shutters— in good order, so as not to definitively compromise the value of the building and the sentimental memories they encapsulate, on the other we should not try to fool ourselves. When and how might this house be re-used? Who will want it, who will live there and who will use it? Which family, which office, for what purpose and for which citizen?
It is unlikely that an edifice that has not been inhabited or looked after for thirty years can be rehabilitated or restored, which leaves only two options, ruin or reconstruction. Thirty years equates to less than a generation these days, and this is why each of us is conscious of the existence of abandonment and, seeing and touching it, is in some way aware. We all remember houses, factories, condominiums, streets, bridges and offices that were in use thirty years ago but are now redundant. Thanks to the current economic system and the fact that we all live longer on average, we know that there now exists an archeology of the present. Perhaps one fine day someone will write a story about the city of today, and therefore not be able to dodge the issue of abandonment in its many different manifestations. Believing that construction is the only way the cities of today can evolve does not correspond to the reality of the situation. Abandonment, destruction and oblivion are part of contemporary life and must be understood and discussed in order for the areas we live in to be redrawn.

Abandoned industry, Falck in Sesto San Giovanni

In order to dispel the myth and preconception that abandonment only ever happens outside and beyond the physical confines of what we call cities, one just needs to alight at Sesto San Giovanni rail station, halfway between Milano Centrale and Monza, in the heart of the metropolis known as Milan. Here, up to some thirty years ago, there was the great, polluting industry, the proletariat, the unions, zoning and raw materials. The SSG rail station —anthropologically fairly multiethnic and its architecture certainly not worthy of its central location in the area— now faces only west, onto an empty space, where buses stop on the surface, the subways underground and where any distinction between square, roads and car parks is shaky at the very least. One might venture to say that the abandonment is precisely here, on this side of the station, the urban side.
But that's not the case, because the real abandonment is on the opposite side of the tracks, the east side, where Falck, one of the greatest steelworks in Europe, used to be until thirty or so years ago. Now it's just a stretch of land, parts of which have already been reduced to tatters and converted to serve other purposes, mostly commercial, parts of which are still waiting to be rehabilitated, and parts of which are simply empty. The sight of this emptiness from SSG station is fantastical, staggering. How can it possibly be, one asks oneself spontaneously and instinctively, that right here, only eight kilometers as the bird flies from Piazza del Duomo, that in the forty years that have gone by since the dismantling process began and the twenty years since its last blast furnace was decommissioned, neither the politicians, society or the real estate sector have managed to come up with something more convincing? It's a question that I won't even try to answer, because in actual fact there's nothing to be appalled about; because Western, Central and Eastern Europe are and stand to be even more crammed-full of such big, such empty, such central, such dirty and such difficult to re-plan former industrial estates. No European country is really an exception to this, although the ways in which each country has maintained, transformed, dressed up or hidden the industrial dinosaurs inherited from their own past industrial revolution vary.

69

70

71

The Falck site now occupies an area of between 100 and 150 hectares, according to how it is measured. Its excellent road and rail infrastructure has, paradoxically, not been any help in planning its future over the last thirty years, because it means that almost any program, any vision, any functional mix and any degree of flexibility is possible. Until the latest version came along, that is, which proposes boosting its commercial function and the creation of a great amusement park amidst the greenery. The rail line is to the west of the Falck site, its two tracks now woefully inadequate in terms of metropolitan and international demand, that run from Milan to Monza, Como, Lugano, the Gotthard Tunnel and Zurich. The Eastern Ring Road lies to the east, almost entirely built on piers, and coplanar with the river Lambro—still highly polluted thanks to the uninterrupted demographic growth in the city's northern districts—. To the south is the Central Milan district. To the north, the Turin–Venice freeway and its tollbooth, as well as major infrastructural links. Once upon a time, the Falck site could have been seen simply as the "infernal" northern edge of the "civil" city, which lay slightly further south. Now, as it lies abandoned and on the point of being stripped bare and cleaned up, it would appear that there exists at least one urban design for the Falck site, which one can only hope will weather the highs and lows that the real estate economy has in store over the next few years. Can we be sure that what we see today is its final abandonment? Might we see others in the future? All equally dramatic and poetic?

72

73

74

Abandonment does not just mean ruins, filth, decay and removal. At the Falck site today, we note that even the reordering, the reclamation, the cleared ground and the wide vistas out towards the city can signify abandonment. For fifteen years or so, after production stopped and before the Municipality of Sesto San Giovanni got over the shock and began to think about what to do with all this land, the temperate forest began to encroach and take possession of the area again. I remember that at that time Falck had become almost impassable, a genuine tussle was taking place, a dark, neo-Gothic, science fictionesque struggle between the city and nature, a sort of catharsis in which nature was striving to demonstrate its superiority over industry and its lethal legacy of pollution.

We don't yet know exactly what the urban planners have in store for the metal carcass of the enormous blast furnace that rises up in the middle of the area, monumental and romantic, around which all the rest appears to be dancing. Perhaps the carcass will be elevated to the status of folly, floating atop the green park that has been planned. Perhaps its meaning will be turned on its head, from being synonymous with degradation and abandonment in the past, it might be regarded as something precious, memorable and archaeological in the future. In Italy we know that the difference between ruins and rubble, abandonment and protection, is a tiny one. When marketing its future image, as it must, Sesto San Giovanni will undoubtedly reserve a special place for nostalgia for the former heavy industry. Long stretches of the three to four meters high boundary wall of the Falck site also survive, albeit in a precarious state and with much shoring up; nobody really knows what will happen to them either.

Abandoned farmhouse, Rivalta Scrivia

The farmhouses, consistently and geometrically dotted around the entire Po Valley, looked like fortresses until around forty years ago, but they were also houses, social communities and industries. Despite their great architectural variety—Cuneo, Ferrara, Treviso, Lomellina, Mantua and Vercelli-style— largely due to reasons connected with the crops being grown in the area, we remember them as being edifices with classical, almost Palladian proportions and structures, archetypal in their own way

69–74 Cascina Rivalta Scrivia

Torino, Genova o Bologna, se ne vedono ancora decine se non centinaia, praticamente tutte in uno stato di disfacimento e quasi tutte abbandonate, se non fosse per qualche vecchio mezzo agricolo e qualche arrabbiato cane da guardia, entrambi solitari e "parcheggiati" lì in attesa che il crollo finale si compia. Oggi non è rimasto quasi più nessuno che vive nel luogo dove lavora, e anche le cascine osservano questa regola della modernità. Chi s'illudeva che questi edifici, rimasti quasi invariati dal tempo della colonizzazione romana della piana del Po, ce l'avrebbero fatta grazie alla loro archetipicità senza tempo a superare lo shock della modernità, si sbagliava.
Centinaia di volte, andando verso Genova, sono passato a 130 chilometri all'ora accanto a una grande cascina nel comune di Rivalta Scrivia; e ogni volta aumentavano un po' il mio desiderio e il mio bisogno di visitarla. Dall'autostrada notavo che era grande quasi quanto un piccolo paese, con un bel muro di cinta, che era in parte diroccata, e che al suo interno conteneva una chiesa. Finalmente mi sono deciso e sono uscito dall'autostrada seguendo la statale dei Giovi, a sud verso Tortona, e ho percorso circa 5 chilometri. Solo allora ho capito l'importanza logistica e la visibilità che la nostra cascina deve aver ricoperto in passato. Lungo questo tratto ho trovato altre cascine, grandi circa quanto la nostra; una, ristrutturata, abbellita in modo caricaturale e trasformata in un motel/ristorante per matrimoni, corrisponde a un primo tipo di distruzione; un'altra, invasa dalla vegetazione spontanea al punto da assomigliare a un gigantesco cespuglio o a una micro-foresta, rappresenta a un secondo tipo di distruzione. Siamo a poche centinaia di metri dallo Scrivia, fiume che nasce nel territorio di Torriglia dietro a Genova, e poi corre per un centinaio di chilometri in direzione nord fino a Cornale, sul confine tra Piemonte e Lombardia, dove si immette nel grande Po; nella storia i percorsi dei fiumi determinavano spesso quelli delle strade principali. Siamo anche nei pressi dell'incrocio autostradale tra l'A7 Milano-Genova e l'A21 Torino-Brescia, e questo spiega la presenza dell'interporto di Rivalta Scrivia, un paio di chilometri quadrati di capannoni prefabbricati, insignificanti architettonicamente ma rappresentativi dell'economia del libero scambio dipendente dal petrolio in cui viviamo. Dunque, grandi cascine, grandi autostrade e grandi capannoni convivono in questo punto geografico preciso, ben riconoscibile anche su una mappa dell'Europa a una piccola scala.
Dalla strada statale dei Giovi, un filare di platani ci accompagna fino alla porta d'ingresso, l'unica, della nostra cascina; il filare spicca in quanto segno di civiltà, di saluto, di benvenuto, e regala ombra nella calura dell'estate. Gli edifici che compongono l'*ensemble* rurale (che in realtà è nato come complesso monastico cistercense) sono tutti egualmente abbandonati, ma il loro livello di degrado varia a seconda della qualità costruttiva di ciascuno. Degrado e abbandono sono infatti due cose diverse, anche se spesso coincidono. Possiamo riconoscere dunque una graduatoria costruttiva nei diversi tipi di strutture: gli edifici prettamente agricoli per i mezzi, gli animali, i depositi; quelli per l'alloggio delle famiglie e del personale che qui viveva e lavorava; il palazzo (sì, un vero e proprio palazzo seicentesco) a forma di C, con un doppio porticato sovrapposto da cui osservare la campagna; e infine la chiesa. Altrettanto varia e funzionale la tipologia degli spazi esterni di questa cascina-monastero: l'*hortus conclusus* (grande circa due ettari) appena fuori dall'*ensemble* ma all'interno del muro di cinta che si nota dall'autostrada; l'aia (grande circa mezzo ettaro) perimetrata dagli edifici agricoli; la strada interna, larga e armoniosa, con alle due estremità la porta d'ingresso e la chiesa; e infine la corte d'onore del palazzo.
Il fatto che pochi anni fa siano iniziati (grazie a un generoso finanziamento bancario) i lavori di restauro del complesso della Parrocchia di Rivalta Scrivia (questo il nome ufficiale della cascina) non ci impedisce di parlare del suo abbandono. Si è cominciato restaurando le parti monumentali, cioè la chiesa e il palazzo, e poi dovrebbe essere

and expressions of a particular rural mindset. Travelling by car from Milan to Venice, Turin, Genoa or Bologna, one can still see hundreds of them, almost all of them in a parlous state and almost all abandoned, aside from the odd piece of old farm machinery and angry guard dog, both solitary and parked there in the wait for the final collapse. Hardly anybody these days lives in the same place as they work, and these farmhouses have also felt the impact of this modern regime. Anybody trying to fool themselves that these buildings, virtually unchanged since the Romans colonised the Po Valley, could have survived the shock of modernity thanks to their timeless archetypical nature would have been sadly mistaken.

I've driven past a large farmhouse in the municipality of Rivalta Scrivia, at 130 kilometers an hour, hundreds of times on the way to Genoa; every single time it made me want and need to visit it more. From the freeway I could see that it was almost as big as a small village, with a fine, partly ruined surrounding wall containing a church. I finally gave in and turned off the freeway onto the Statale Dei Giovi, travelling south towards Tortona for around five kilometers. Only then did I comprehend the logistical importance and visibility that the farmhouse must have enjoyed in the past. Along the way I came across other farms, almost as big as this particular one. One of them, renovated and beautified to a caricatural degree, and turned into a motel/restaurant venue for weddings, exemplifies one sort of destruction; another, overtaken by spontaneous vegetation to the extent that it looks like a gigantic bush or a micro-forest, exemplifies a second type of destruction. This is just a few hundred meters from the river Scrivia, which starts in the municipality of Torriglia behind Genoa, and then runs north for around one hundred kilometers as far as Cornale, on the border between Piedmont and Lombardy, where it runs into the great river Po; historically, the course of rivers often determined the course of main roads. It is also near the A7 Milan–Genoa and A21 Turin–Brescia highway intersection, which explains the presence of the Rivalta Scrivia interport, a couple of square kilometers of prefabricated, architecturally insignificant warehouses, yet representative of the oil-dependent free economy in which we live. Thus, large farms, large highways and large warehouses live cheek by jowl at this particular geographical point, instantly distinguishable even on a small-scale map of Europe.

A row of plane trees lines the way from the Statale Dei Giovi to the door, the only door, of our farmhouse; the row of trees stands out as a sign of civilization, a salutation, welcoming and providing shade in the summer. The buildings that make up this rural farmhouse —which in actual fact started out as a Cistercian monastery complex— are all equally derelict, but with varying degrees of decay, depending on the building quality of each of them. Degradation and abandonment are two different things, although they often coincide. The different types of edifice evidence a constructional grading system: the purely agricultural buildings for machinery, animals and storage; the buildings reserved for the families and the staff who lived and worked there; the C-shaped palazzo —yes, an actual seventeenth-century palazzo— with a superimposed double portico for looking out over the countryside; and lastly the church. The external spaces of the farmhouse/monastery were equally varied and functional. The *hortus conclusus* —covering roughly two hectares— just outside the complex, but inside the surrounding wall that can be seen from the freeway; the farmyard —roughly half a hectare—flanked by the agricultural buildings; the internal road, wide and harmonious, with the entrance door at one end and the church at the other; and lastly the *cour d'honneur* of the palazzo.

The fact that just a few years ago —thanks to generous bank funding— restoration works began on the Parrocchia di Rivalta Scrivia complex —this is the official name of the farmhouse— does not mean that its abandonment should be concealed.

il turno degli edifici rurali e agricoli, senza dimenticare il bellissimo muro di cinta. Qui è ancora possibile recuperare e restaurare, non essendo stato superato il "punto di non ritorno". Ma, dal momento che non sembrano esserci più residenti (neppure il parroco) o attività agricole, e dal momento che è stata imboccata la strada della valorizzazione ricreativa e turistica del complesso, penso che si possa e si debba comunque parlare di abbandono, almeno parziale. Che in Italia oggi vi sia un rapporto diretto di causa/effetto tra l'abbandono del territorio e il turismo sul territorio mi pare inequivocabile.

Fortezza abbandonata, La Cittadella di Alessandria

La Cittadella di Alessandria, grande quanto il centro di Alessandria, si raggiunge appena dopo aver superato un ponte strallato sul fiume Tanaro. La Cittadella abbandonata è una piccola città ideale: i suoi edifici dai grandi tetti la fanno assomigliare a un modellino, tanto sono ordinatamente ben disposti ad angolo retto a formare piazze, strade e incroci. Ricorda, non a caso, il centro militare di Torino o di Cuneo. Mi chiedo: il suo fascino potrebbe forse derivare dalla difficoltà di immaginarsi il suo futuro uso, data la sua immensa scala? un quartiere residenziale? un museo del territorio? un'università? un business park? Di certo, nessuna di queste cose singolarmente; forse, tutte queste cose insieme. Come in una vera città.
Allo stato attuale, la Cittadella racconta l'abbandono di un monumento storico, che è un tutt'uno con il suo paesaggio militare composto da ridotti, controguardie, falsabraghe e bastioni. Il nucleo del monumento risale al Settecento, ma per noi è anche un tassello della storia dell'Unità d'Italia. Da qui Napoleone cercò di controllare la sua campagna di conquista, e in seguito gli austriaci ne fecero ripetutamente il proprio quartier generale. Qui, per la prima volta, nel 1821 fu issata la bandiera tricolore.
Nel corso del XX secolo la fortezza fu sede di diversi reggimenti italiani. Alcuni suoi edifici sono oggi vincolati come Monumenti Nazionali; della sua gestione odierna si occupa la Soprintendenza per i Beni Architettonici e Paesaggistici. Il FAI – Fondo per l'Ambiente Italiano organizza visite e promozioni. La Cittadella, come tantissimi monumenti italiani, è stata candidata per diventare Patrimonio dell'UNESCO, ma senza successo. La dismissione completa è avvenuta solo dieci anni fa, nel 2007.
Le vicende storico-militari della Cittadella, il suo immacolato paesaggio fluviale (alto il rischio esondazione), la vicinanza al centro cittadino di Alessandria, la sua scala quasi geografica e il senso di pace che trasmette fanno riflettere. Certi scorci, mentre ci si va a zonzo senza un obiettivo preciso, possono ricordare il Colle Palatino a Roma oppure la Rocca d'Anfo sul lago d'Idro. Viene il sospetto che gli edifici diventino monumenti e attirino la nostra attenzione solo quando percepiamo che sono a rischio di abbandono. Il fossato (lungo quasi 2 chilometri) che separa le due cinte di bastioni, con i muri di mattoni che si sfaldano e gli alberi che nascono e crescono dove non dovrebbero, è un vero paradiso *man-made*, che sta regredendo ed è quasi tornato allo stato naturale. La Cittadella dimostra che l'abbandono può anche diventare una risorsa, un'occasione, un *asset* della città. L'abbandono non è necessariamente una tragedia, e neppure per forza un costo.
Oggi, i centomila e più abitanti di Alessandria cominciano a sfruttare e a godersi la "Cittadella abbandonata" come parco romantico del loro tempo libero. Per adesso è ancora senza sponsor e senza una piattaforma interattiva. Assomiglia a un castello di sabbia, dove grandi e piccoli possono giocare (per davvero) a nascondino, a guardia e ladri, alla guerra. C'è poi chi qui fa *cross-country* in bici o a piedi, chi fa *bird-watching*, ci sono i golfisti che provano il loro *swing*, chi si abbronza più o meno nudo; ci sono bambini che lanciano i loro camion di plastica giù dalle rampe dove un tempo venivano

75

76

75–80 La cittadella, Alessandria

77

78

79

80

issati i cannoni, chi fa volare gli aquiloni tra i falchi che si sono ripresi la residenza, chi lancia i cani alla corsa, chi legge, chi amoreggia e chi cerca funghi e tartufi. C'è anche chi viene qui a ripassare la storia del Risorgimento e a leggere le lapidi. Tutte queste attività umane, tra loro così diverse, sono generate dall'abbandono.

Paese abbandonato, Noci

Che l'abbandono non sia lontano da noi ma una parte di noi diventa evidente quando raggiungiamo a piedi quel che resta del paesino di Noci, a circa 20 chilometri dalla conurbazione lineare di Genova, accanto al crinale spartiacque degli Appennini Liguri. Si trova in un paesaggio un tempo coperto da pascoli, oggi una foresta, dove è facile perdersi. Noci è una rovina, e se non sapessimo dagli ultimi vecchi (che ne hanno ancora dei ricordi degli anni subito dopo la seconda guerra mondiale) quanto è recente il suo abbandono, la considereremmo un sito archeologico. Il versante della montagna è sufficientemente ripido perché non si capisca più bene dov'era il piano terra delle case; non ci sono più i tetti, e le travi delle capriate sono sparse in giro; gli angoli dei muri sembrano ancora abbastanza stabili, ma il resto è palesemente pericolante. Si capisce quale delle rovine fosse una chiesa, ma non si capisce più dov'era la scuola che, mi viene assicurato, un tempo esisteva. Le piante – arbusti e alberi – sono a buon punto nella loro colonizzazione. Ma ciò che fa più impressione sono i rumori, che le pietre smosse dai nostri passi non fanno che accentuare: un'infinità di scricchiolii, minifrane, continui aggiustamenti di pesi e di equilibri che probabilmente dureranno ancora per qualche decennio fino alla completa scomparsa di Noci.
Sulle mappe dei sentieri, Noci sopravvive qualche volta come tratteggio, ma nella maggioranza dei casi è stata già cancellata, anticipando così i tempi. Le persone di Scoffera alle quali chiedo indicazioni una volta parcheggiata l'auto mi dicono ciascuna qualcosa di leggermente diverso, a dimostrare che nessuno ricorda più bene cos'è e dove si trova. Sul momento, tutto ciò mi pare meraviglioso e sublime, e non così diverso dallo scoprire per primi un antico sito archeologico. Ma non dobbiamo farci illusioni riguardo all'inaccessibilità di Noci, perché nei pressi, un po' sopra, a soltanto un paio di chilometri, si snoda una vera infrastruttura, antica e moderna insieme, che potrebbe tornare utile qualora – mai dire mai! – un bel giorno Noci dovesse rinascere. Si tratta dell'Alta Via dei Monti Liguri (AVML), un percorso di trekking sul crinale, ottimamente descritto e segnalato, lungo circa 400 chilometri, che collega Ventimiglia (confine con la Francia) a Ceparana (confine con la Toscana), frequentato da viandanti e camminatori pronti ad andare su e giù per i boschi (castagni, roveri, faggi, frassini) e per i prati battuti dal vento. Fra un posto tappa e l'altro intercorre sempre una distanza tra i venti e i trenta chilometri, una giornata di cammino.
Perché se n'è andata Noci? Perché se ne sono andati una decina di altri nuclei abitati su queste montagne, la cui orografia sembra confusa quanto un mare in burrasca? La risposta, non facile, va cercata negli instabili equilibri che regolano – di decennio in decennio – i rapporti fra paesaggio, economia e società. Quelli dell'ultimo dopoguerra sono stati per l'Italia anni di potente industrializzazione e urbanizzazione.
Allora Genova e le sue due profonde valli (Valpolcevera e Valbisagno) verso l'entroterra rappresentavano uno dei tre vertici del triangolo industriale del nord Italia, insieme a Milano e Torino: triangolo che oggi non c'è più. Nel porto, nei cantieri e nelle grandi industrie di Genova si riversarono per lavorare decine di migliaia di contadini e paesani, drenati dal mondo rurale degli Appennini. Ne sono dimostrazione gli affollati quartieri genovesi di edilizia popolare di quegli anni, come il Serpentone a Forte Quezzi, ispirato a Le Corbusier. Dai versanti dei monti dietro Genova molti traslocarono e occuparono i fondovalle, per poi dotarsi di una Fiat Cinquecento o Seicento e cominciare

Restoration has begun on the monumental parts, i.e. the church and the palazzo, and should then progress to the rural and agricultural edifices, not least the fine surrounding wall. This can still be rehabilitated and restored, not having quite reached the point of no return. However, given that there appear to be no more residents —not even a parish priest— or agricultural activity, and since recreational and tourist possibilities have already begun to be explored, I believe that it can and should come under the heading of abandonment, partial abandonment at least. There would seem beyond any doubt to be a direct cause and effect relationship between the abandonment of the area and its tourism.

Abandoned fortress, Citadel of Alessandria

The Citadel of Alessandria, as big as the city center of Alessandria, lies just the other side of a stay-cable bridge over the river Tanaro. Now abandoned, the Citadel is a small, ideal city. The edifices with their large roofs give it the appearance of a model, beautifully arranged at right angles to form squares, streets and crossroads.
It is reminiscent, not merely by chance, of the military centers in Turin or Cuneo.
I wonder whether its fascination derives from just how hard it is to imagine a future use for it, given its immense scale. A residential district, perhaps? A regional museum? A university? A business park? Certainly not just one of these things; perhaps all of them together, like a real city.
The Citadel currently narrates the abandonment of a historic monument, at one with its military landscape, made up of redoubts, counterguards, faussebrayes and bastions. The nucleus of the monument dates back to the eighteenth century, but we regard it as another strand in the history of the unification of Italy. Napoleon attempted to wage his campaign in Italy from there, and it was later repeatedly occupied by Austrian troops. The first use of a tricolor flag in Italy was made here in 1821. Several different Italian regiments were stationed at the fortress during the twentieth century. Some of the buildings are now designated National Monuments; the citadel is now administered by the Department of National Architectural and Landscape Heritage. The FAI National Trust for Italy organizes visits and promotions. Like so many Italian monuments, the Citadel applied for UNESCO World Heritage status, but was unsuccessful. It was only finally decommissioned ten years ago, in 2007.
The historical and military events that took place at the Citadel, its pristine riverscape —it is at high risk of flooding—, its proximity to the city center of Alessandria, its almost geographical scale and the sense of peace that it instills are food for thought. While wandering aimlessly around the citadel, some of the views are reminiscent of the Palatine Hill in Rome, or the Rocca d'Anfo overlooking Lake d'Idro. It prompts a suspicion that buildings only become monuments and capture our attention when we realise they are at risk of being abandoned. The moat —almost 2 km long— that separates the two rows of bastions, with crumbling brick walls and trees taking root and growing where they should not, is truly a manmade paradise, which is regressing and has almost gone back to its natural state. The Citadel shows that abandonment can also become a resource, an opportunity, a municipal asset. Abandonment is not necessarily a tragedy, and not necessarily an expense.
Today, Alessandria's hundred thousand and more inhabitants are beginning to make use of and enjoy the "abandoned citadel" as a romantic park in which to make the most of their free time. It is still lacking sponsors and has no interactive platform. It resembles a sandcastle, where children and adults can — really— play hide and seek, cops and robbers and pretend war games. Others make their way here cross-country on bikes or on foot, there are bird watchers and golfers practicing their swings, people

81

82

83

84

85

86

sunbathing more or less naked, children throwing their plastic lorries down from the ramps on which the cannons were once hoisted, people flying kites among the falcons that have returned to live here, people who let their dogs off the leash to run, people who read, flirt or look for mushrooms and truffles. There are also people attracted by its historical past, during the Risorgimento, and to read the plaques. All these totally different human activities are generated by abandonment.

Abandoned village, Noci

The sense that abandonment is never far from us but a part of us becomes clear when arriving on foot at what remains of the little village of Noci, roughly 20 km from the linear conurbation of Genoa, beside the watershed of the Ligurian Apennines.
It is surrounded by a landscape once covered with fields, now a forest, in which it's easy to get lost. Noci is a ruin and, had we not been told by the remaining elderly people—who still remember the years immediately following World War II—just how recently it had been abandoned, we would probably think it was an archaeological site. The mountainside is so steep that it's not easy to tell which is the ground floor of the houses; the roofs have gone and the beams from the roof trusses are scattered round about; the corners of the walls still seem reasonably stable, but the rest is clearly unstable. One can tell which of the ruins was once a church, but it's not easy to see where the school was, although I am assured it did exist. Plants and shrubs and trees are making good progress in their bid to take over the area. The most striking thing is the sounds, which the stones loosened by our footsteps simply serve to accentuate, a multitude of creaks, tiny landslips, continual weight and balance adjustments that will probably continue for a few more decades until Noci disappears completely.
Noci still appears on maps of the trails, sometimes indicated by hatching, but in most cases it has already been erased, ahead of time. People in Scoffera, where I parked the car, tell each a slightly different story, which shows that nobody really remembers what or where it is. Initially, this all seemed wonderful and sublime, rather like being one of the first to discover an ancient archaeological site. We shouldn't fool ourselves, however, about the inaccessibility of Noci, because a genuine infrastructure, both ancient and modern, wends its way slightly above it only a couple of kilometers away that could prove useful should—never say never!—Noci be reborn. This is the Alta Via dei Monti Liguri (AVML), a hiking trail that runs along the ridge, brilliantly described and marked out, that runs for around 400 kilometers between Ventimiglia —the French border—and Ceparana—the border with Tuscany—, frequented by wayfarers and walkers keen to make their way up and down through the woods —chestnut trees, oaks, beech and ash trees—and the windswept fields. There is always around twenty to thirty kilometers, a day's walking, between each stop-off point.
Why has Noci disappeared? Because a dozen or so other inhabited settlements on this mountains have gone, their topography as wild as a stormy sea? The answer, not an easy one, lies in the unstable equilibriums that regulate the relationships between landscape, economy and society from one decade to the next. The post-war decades were a time of powerful industrialization and urbanization in Italy. Genoa and its two steep valleys—Valpolcevera and Valbisagno—, along with Milan and Turin, was once one of the three corners of an industrial triangle in northern Italy that no longer exists. People poured into the port, the shipyards and the large industries in Genoa from the rural world of the Apennines. Genoa's packed social housing districts, such as the Le Corbusier-inspired Serpentone at Forte Quezzi, are testament to this. Many people moved down from the mountains behind Genoa to the foot of the valley, then acquiring a Fiat 500 or 600 and starting to earn money and spending it

81–86 Noci

a guadagnare denaro e a spenderlo nei negozi. A Busalla, a una decina di chilometri in linea d'aria da Noci, già nel 1931 era stata inaugurata una raffineria della Iplom, ancora oggi in funzione; il tratto autostradale Genova-Serravalle dell'A7 risale a pochi anni più tardi, e il suo prolungamento fino a Milano agli anni cinquanta. Una volta ultimata, l'autostrada Milano-Genova polarizzò i luoghi di lavoro, fece da spina dorsale di una novella città lineare e rese possibile – anzi incoraggiò – l'emigrazione dai monti verso il Mar Tirreno e la Pianura Padana. Fu allora che, in concomitanza con la seconda guerra mondiale e le lotte partigiane che si combatterono anche qui, Noci si svuotò per essere poi abbandonata del tutto; lì, dal punto di vista della pianura, la vita era troppo dura, e chi vi si fosse fermato sarebbe rimasto ignorante, povero e tagliato fuori. Oggi, a Noci, due o tre famiglie hanno restaurato e fatto rivivere la loro vecchia casa e i loro ricordi. Hanno portato su i materiali edili con l'elicottero e in qualche modo sono riusciti a procurarsi un po' d'acqua e a generare qualche chilowatt di elettricità. Spartanamente, ci trascorrono qualche settimana di vacanza estiva. Mi viene riferito che ogni anno il parroco di Montoggio organizza una processione in concomitanza con la festa del santo protettore; si vede che fa del suo meglio per tenere la piccola chiesa asciutta, pulita e in ordine. Stride il contrasto fra la chiesa e i ruderi circostanti, abbandonati, piranesiani. Nel futuro, potrebbe Noci diventare un luogo per vacanze davvero speciali? Forse sì. Ma per adesso la vita d'ogni giorno non è più qui, essendosi spostata in pianura. Fisicamente la pianura non è poi tanto lontana. Ma mentalmente sì.

in the shops. In 1931, IPLOM opened a refinery in Busalla, ten or so kilometers as the bird flies from Noci, which is still in operation. The stretch of the A7 freeway from Genoa to Serravalle was built a few years later, subsequently extended as far as Milan during the Fifties. Once completed, the Milan to Genoa freeway polarized the work places, constituting the backbone of a new linear city, and enabling, indeed encouraging, the migration from the mountains towards the Tyrrhenian Sea and the Po plain. It was then, along with World War II and the partisan fighting in the area, that Noci became emptied and was eventually completely abandoned. Life was too hard here, compared with life on the plain, and anybody who stayed there would have remained ignorant, poor and an outcast.

Now, two or three families in Noci have restored and brought their old houses and their memories back to life again. They have brought building material in by helicopter and have somehow managed to get hold of some water and to generate a few kilowatts of electricity. They spend a few Spartan weeks of the summer holidays there.

I am told that the parish priest in Montoggio organizes a procession celebrating its patron saint each year; he is clearly doing his best to keep the small church dry, clean and orderly. The contrast between the church and the surrounding, abandoned and Piranesi-esque ruins is startling. Could Noci become a destination for really special holidays in the future? It's possible. But for now, everyday life is passing it by, in favor of the plain. In physical terms, the plain is not really very far away, but mentally it is.

Ringraziamenti
Acknowledgments

Il lavoro di recupero del patrimonio rurale realizzato in Val Malvaglia è stato possibile grazie alla collaborazione generosa di amici, studenti, colleghi, familiari e altre persone interessate.
A loro dedico questo libro con riconoscenza:

The work of recovering the rural heritage of the Val Malvaglia was possible thanks to the generous collaboration of friends, students, colleagues, relatives and other interested persons.
I dedicate this book to them with gratitude:

Mattia Agates
Manuel Alberio
Michele Alberio
Stefano Albert
Melina Angeletti
Noel Annell
Diletta Aprile
Giulia Anserini
Enea Arienti
Lerna Bagdjian
Matthew Bailey
Bruno Bandieri
Vittoria Baruffaldi Preis
Lorena Bassi
Federico Bassignana
Jeangille Baudouin
Francesco Bellini
Francesca Bellù
Numa Benci
Paola Bergier
Filippo Bertamini
Emilie Beytrison
Elia Bianchi
Lisa Bianchi
Chiara Bini
Luca Bini
Dario Biscaro
Pietro Blini
Riccardo Blumer
Mirko Bonetti
Nio Bonetti
Caterina Bordoli
Laura Bottani
Aloïs Bottini
Julie Bovier
Nicola Braghieri
Giulia Brena
Ludovica Brizio
Federico Broggini
Luca Bronca
Clara Brun
Dario Bruni
Laura Bruscia
Nicola Busolini
Francesco Cacciola
Lorenzo Campagna
Giulio Candido
Milo Canevascini
Nico Canevascini
Paolo Canevascini
Vasco Canevascini
Emanuele Carcano
Elettra Carnelli
Monica Castañeda
Matteo Aldo Castelli
Anouk Chastonay
Olivia Chimenti
Nicolò Clerici
Gildardo Corzo Ariza
Afra Costa
Pierre Edmond Courvoisier
Rosita Damiano
Lavinia de Carolis
Gaia Dellea
Gaëtan Détraz
Silvia Diaz
Victoria Diaz Saravia
Vittoria Di Giunta
Giacoma Di Vieste
Vincent Dorfmann
Elias Dörig
Joe Douglas
Hoi Ming Du
Silvia Ducart
Rahel Dürmüller
Michele Falco
Lorenzo Fantino
Gian Fadri Fanzun
Alessandra Farina
Eloïse Fehlmann
Giovanni Fenoglio
Gennaro Luca Fimiani
Silvia Fincato
Jacopo Fochi
Ludovica Franchetti
Michele Fuschini
Estelle Gagliardi
Francesca Gagliardi
Samuel Galmiche
Francesco Gamba
Federica Garabelli
Nicholas Ghielmini
Leone Carlo Ghoddousi
Nikita Giaccari
Lorenzo Giordano
Patrick Giromini
Filippo Gismondi
Eleonora Giuli
Veronica Giurcaneanu
Giacomo Guidotti
Alix Houlon
Gian Hugi
Eva Hurlimann
Lukas Hüsser
Zora Hüsser
Djordje Jeftic
Ólafur Jónsson
Rebecca Jordan
Dimitri Kasparian
Mederic Küchel
Gregorio Lacchio
Giusy La Licata
Sylvia Lanteri
Domizia Lantin
Vittoria Leonardelli
Murielle Leucker
Alessandro Loda
Agathe Loeb
Francesca Malventi
Martyna Maniak-Hüsser
Caterina Mantegazza
Dario Mantovani
Andrea Marcolini
Gianmarco Marini
Teresa Marinoni de Athayde
Elisa Marioni
Marcello Martinoni
Michele Martinoni
Nadia Martinoni
Manfredi Marzari
Cristina Matè
Giulia Maugeri
Marcello Maugeri
Marta Maugeri

Amos Mauri
Flavia Mazzanti
Valentina Merz
Sara Meyer
Jeffery Meylan
Flavia Micelli
Isolde Michelazzi
Maria Minic
Silvia Missaglia
Carlo Molteni
Stefano Moor
Julie Moraca
Teo Morel
Maša Mori
Caterina Moro
Morgane Moutarlier
Sarah Muller
Diego Muntaner
Martin Muntaner
Matias Muntaner
Anna Murisasco
Samira Muster
Elisabetta Muttoni
Lea Muttoni
Andrea Nardi
Jorge Osatinsky
Surya Panzeri
Carlotta Paolucci
Alessandro Pasti
Alessio Pavani
Alfred Peci
Giulia Pederzini
Martina Penati
Matilde Pedrozzi
Siro Pedrozzi
Fabrizio Peirce Chianese
Tobias Peteler
Carl Petersen
Luca Piccoli
Sophie Piccoli
Emanuele Pigionatti
Andreanne Pochon
Nicolas Pralong
Natalia Pronzati
Francesco Pusterla
Philippine Radat
Léna Reesink
Anna Giulia Reineke
Edoardo Reverberi
Andrea Rizzi
Marco Rizzi
Luca Rodella
Valentina Roncoroni
Clara Rosenberg
Federico Rossi
Giacomo Rossi
Roc Andrea Rüegg
Zoé Salomon
Andrea Salvatore
Federica Sanelli
Alma Sartoris
Elisa Sassi
Luigi Savarese
Barbara Schepis Muntaner
Francesca Schiavello
Bianca Schifani
Claudia Scholz
Arianna Sebastiani
Anna Serio
Patrick Sidler
Enrico Sironi
Andrea Sirotti
Laurina Sponagel
David Stalder
Anna Lina Steinmann
Martino Stelzer
Giuliano Strazzini
Elin Laksjö Svensson
Sofia Terceros
Leonora Testini
Federica Tettamanti
Annabelle Thüring
Laura Toledo Martín
Martina Toppo
Nicola Torniamenti
Noemie Tschabold
Gala Urroz
Daniel Varon
Antonio Vassallo
Giulia Verri
Diego Vincenz Pérez
Federica Vippolis
Giada Walzer
Thomas Winkelmann
Simon Yacoub
Giacomo Zanini
Deborah Zanolo
Alice Zanzi
Qianer Zhu

Ringrazio anche i proprietari delle cascine di Sceru e Giumello per il loro supporto:
I also thank the owners of the farmhouses of Sceru and Giumello for their support:
Marino e Roberto Bruschetti
Elide e Augusto Giudici della Ganna
Marco Malingamba
Daniele Sabbadini
Antonella Sartoris

Infine rivolgo un ringraziamento sentito all'amico Pino Brioschi per avermi accompagnato nelle riflessioni e nella documentazione fotografica fin dalla prima ricomposizione.

Finally, I address a heartfelt thanks to my friend Pino Brioschi for both accompanying me in reflecting on the work and for the photographic documentation since the first recomposition was undertaken.

Referenze fotografiche
Image credits

1
© ETH-Bibliothek Zürich, Bildarchiv.
tratta da/from:
David Herrliberger,
Neue und vollständige Topografie der Eidgenossenschaft, 41

2
© ETH-Bibliothek Zürich, Bildarchiv.
tratta da/from:
Gottlieb Sigmund Gruner,
Die Eisgebirge des Schweizerlandes, 1760, tav. 9. , p. 104.

3
© ETH-Bibliothek Zürich.
tratta da/from:
Johann Jacob Scheuchzer,
Helvetiae historia naturalis oder Natur-Historie des Schweitzerlands, 1716

4
© ETH-Bibliothek Zürich, Bildarchiv
Glaziologische Kommission der SANW (Archiv)

5, 8, 10, 11
© ETH Zürich.
Institut für Landschaftsarchitektur,
Professur Günther Vogt

6
© Biblioteca nazionale svizzera,
Archivio federale dei monumenti storici (AFMS),
Archivio Rudolf Zinggeler
© Swiss National Library,
Federal Archives of Historic Monuments (FAHM),
Rudolf Zinggeler Archive.

7
© Zentralbibliothek Zürich,
Collezione grafica e archivio fotografico
Department of Prints and Drawings/Photo Archive.

12–14,
Risguardi/Cover endpapers
Riprodotto con l'autorizzazione di/
Published with the authorization of Swisstopo

15
Fonte/Source: Delia Grata

16
Foto/Photo: Stefano Moor

17
Yale Center for British art

18
Foto/Photo: Ivo Trümpy

19–21, 24, 26–32, 35, 50, 56, 58, 59, 87
Archivio Martino Pedrozzi

22, 23, 25, 33, 34, 37–49, 57, 60
Foto/Photo: Pino Brioschi

52
Istituto Geografico Militare italiano

53
Google Earth

55
Foto/Photo: Osvaldo Amari

61–86
Foto/Photo: Luca Casonato

Pubblicato grazie al sostegno di:
- Aiuto federale per la lingua e la cultura italiana
- Comune di Serravalle
- BancaStato
- Fondazione Ulrico Hoepli

Park Books beneficia di un sostegno strutturale dell'
Ufficio Federale della Cultura
per gli anni 2016-2020.

Published thanks to the support of:
- Federal aid for Italian language and culture
- Municipality of Serravalle
- BancaStato
- Ulrico Hoepli Foundation

Park Books is being supported by the Federal Office of Culture with a general subsidy for the years 2016-2020.

A cura di
Curated by
Martino Pedrozzi
Concetto grafico
Graphic Concept
Sidi Vanetti
Traduzioni
Translations
Enrico Tosi
Bridget Mason
Lettorato
Copy editing
Emanuela Di Lallo
Correzione di bozze
Proofreading
Italiano
Gli autori e
per il testo di B.Reichlin
Annalisa Viati Navone
English
Matthew Bailey
Litografia
Lithography
Taiana, Muzzano
Stampa e Rilegatura
Printing and binding
Salvioni Arti Grafiche
ISBN 978-3-03860-192-0

Park Books
Niederdorfstrasse 54
8001 Zürich
Svizzera/Switzerland
www.park-books.com

87

87 Giumello, 2014
durante i lavori
during works

Immagini sui risguardi:
Cover endpapers images:
Sceru e/and Giumello, 1924